Grammar joy

phonics words

초등 보카

1

저자 **이종저**

이화여자대학교 졸업
Longman Grammar Joy start 1,2권
Longman Grammar Joy 1,2,3,4권
Longman Vocabulary Mentor Joy 1,2,3권
I am Grammar 1,2권
Grammar & Writing 1,2,3 권
Polybooks Grammar Joy start 1,2권
Polybooks Grammar Joy 1,2,3,4권
Polybooks Grammar Joy 중등영문법 1a,1b,2a,2b,3a,3b
Polybooks Bridging 초등 Voca 1,2권
Polybooks Grammar Joy &Writing 1,2,3,4권

저자 **Vivian Park**

International Business – B.A[Hons] Cambridge
Accenture, Facebook

Grammar Joy 초등 Voca 1

지은이	이종저, Vivian Park
펴낸곳	Polybooks
펴낸이	Polybooks 영어교재연구소
편집 기획	박영교
삽화	최상

초판 1쇄 인쇄   2024년 10월 15일

Polybooks

경기도 파주시 청석로 272, 11층 1004호 A58 (동패동 센터프라자1)
전화 070-779-1583   FAX 031-262-1583

Grammar joy

phonics words

초등 보카

1

Preface

안녕하십니까? Longman Grammar Joy 시리즈의 원저자이며 Longman Vocabulary Mentor Joy의 원저자이기도 한 이종저입니다. Longman으로부터 독립한 후 polybooks를 설립하여 운영한지도 벌써 7년 가까운 세월이 흘렀습니다. 초창기의 여러 가지 혼란 속에서도 많은 격려와 변치 않는 지지를 보내 주신 덕분에 polybooks는 나날이 성장하고 있습니다. 본인은 Vocabulary 학습에 phonics개념을 처음 도입하여 출간한 Longman Vocabulary Mentor Joy의 반응을 잊지 못하고 있으며, 아직도 그 책에 대한 소비자들의 요청이 있어 Vivian Park 선생님과 함께 완전 달라진 모습의 Joy 초등 Voca를 출간하게 되었습니다.

어학 교육에 있어서 어휘능력은 절대적으로 필요한 부분이고, 따라서 이를 위해 학습현장에서도 교사들과 학생들이 많은 노력을 기울이고 있습니다. 그러나 무조건 단어를 외우게 하기에는 학생들에게 많은 어려움과 부담이 따르고 심지어는 단어학습에 싫증을 낼 수밖에 없다는 것을 알고, 그 문제점을 반영하여 교재를 만들게 되었습니다.

본 교재는 철저한 phonic rule을 적용하여 알파벳의 음가를 철저하게 익히고, 각 단어의 meaning을 연결시키도록 구성하였습니다. 특히 Rhyme별로 제시되 단어들은 자연스럽게 그 규칙을 이해하고 체계적으로 학습할 수 있도록 정리되어 있습니다. 또한 QR코드를 이용하여 간단하게 정확한 원어민의 발음을 따라하고 그 의미를 깨우침으로써 한층 재미있고 효과적으로 공부할 수 있도록 유도하였습니다.

특히 본 교재는 이전과는 달리 phonics에 과도하게 치중하여 잘 사용되지 않는 단어들은 최대한 배제하고 초등 필수 800 단어 내에서 가장 적합하다고 생각되는 단어들을 각별히 신중하게 선별하여 수록하였습니다.

더불어 단어 써보기는 학생들이 마치 퍼즐을 맞추기를 이용한 퀴즈풀기처럼 흥미롭고 지루하지 않도록 구성하였고, 수록된 예문들은 학생들이 실생활에 적용할 수 있는 생동감 있는 문장들로 이루어져 있으며, 아울러 다양한 activity를 제공하여 단어 학습의 지루함을 최소화하였습니다. Review Test를 통해 다시 한 번 이미 학습한 단어들을 복습해볼 수 있고 최종 단어 Test와 오답 체크 난을 제공하여 미흡했던 단어들을 확실하게 잡아줄 수 있도록 했습니다. 특히 당사 홈페이지에 2회의 추가 단어 Test가 준비되어 있어 완벽한 단어 학습이 이루어지도록 하였습니다.

본 교재는 영어 단어의 원리에 입각하여 초등학생들의 눈높이 맞는 최적화된 Vocabulary 교재로서 우리 학생들의 영어 실력향상에 이바지하리라 확신합니다.

마지막으로 성실히 함께 작업을 도와주신 김혜미, 이수연 선생님께도 감사의 인사를 드립니다.

이종저, Vivian Park

 ## 각권의 구성

	Words	Units	특징
Book 1	250개/1음절단어	25개	· phonics rule을 통한 학습 · 형태 이미지를 통한 단어학습
Book 2	250개/1, 2음절단어	25개	· phonics rule을 통한 학습 · 형태 이미지를 통한 단어학습
Book 3	250개/1, 2, 3음절단어	25개	· phonics rule을 통한 학습 · 형태 이미지를 통한 단어학습

 ## 각권의 학습내용

	Book1	Book2	Book3
unit1	short a _a_	ou	short a
unit2	short a _a_	oi, oy	short a
unit3	short e _e_	ue, ui	short e
unit4	short e _e_	_ar	short i
unit5	short i _i_	_er	short o
unit6	short i _i_	_ir	long o
unit7	short o _o_	_or, _ur	short u and long u
unit8	short u _u_	_are, _ire, _our	_y
unit9	short u _u_	_ear, _ccr	_er
unit10	long a _a_e	_ey, _uy	ir, ur
unit11	long a _a_e	_y	_or, _oor
unit12	long i _i_e	ch_, _ch	_ow
unit13	long i _i_e	ch_, _ck	s blend sk_, sl_
unit14	long o _o_e	sh_, _sh	s blend sm_, sn_
unit15	long _o_e	th_, _th	s blend sp_, st_,
unit16	long u _u_e	wh_	s blend st_, sw_
unit17	_ai, _ay	_le	ending blend _nd, _nk
unit18	ea	l blend bl_, cl_, fl_	ending blend _nk, _nt / _ss
unit19	ea	l blend gl_, pl_ sl_	ending blend _ng
unit20	ee	r blend br_, cr_, dr_	Silent syllable h, l, b, d
unit21	ie	r blend fr_, gr_	Silent syllable _gh
unit22	oa, ow	r blend pr_, tr_	Silent syllable w, k
unit23	ow, ew	_gh, ph_, _ph	Soft c and Hard c
unit24	short oo	Soft c and Hard c	Soft g and Hard g
unit25	long oo	Soft g and Hard g	schwa a

How to use this book

Step 1

Phonics rule에 따른 각 단어의 음가를 배우고 Rhyme에 따라 다섯 번 귀로 듣고 큰소리로 입으로 따라하면서 단어의 감각을 익히도록 합니다.

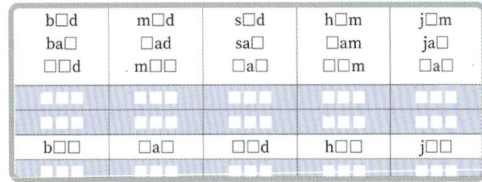

Step 2

단어의 철자를 수수께끼 풀 듯 채워가며 각 단어의 음가와 의미를 숙지하도록 합니다.

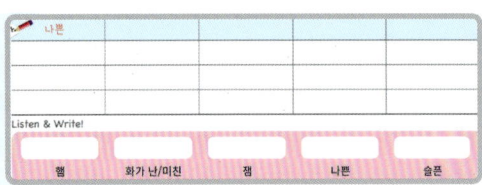

Step 3

이미 학습한 10개의 단어들을 종합하여 간단하게 dictation 함으로써 중압감 없이 단어들을 다지고 나아가도록 합니다. 특히 학생들이 부담을 느끼지 않고 흥미를 가지고 학습에 참여하도록 합니다.

Practice A

우리말의 의미에 맞는 영어 단어를 고르고 해당 영어 단어를 한번 써 보도록 하여 자연스럽게 암기할 수 있도록 합니다.

Practice B

각 단어들을 문장 속 쓰임을 통해 단어의 활용을 배워 단어가 단순히 단어로서 끝나는 것이 아닌 실생활에 적용할 수 있도록 훈련합니다.

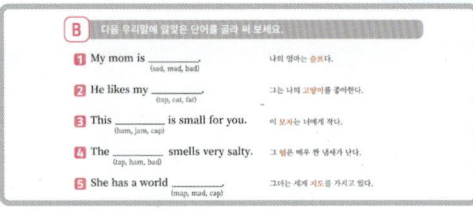

Practice C

단어이미지와 단어를 연결하도록 하여 '이미지-우리말- 영어'의
순서가 아닌 이미지를 바로 영어로 변환할 수 있도록 훈련합니다.
단, 우리말을 최소화하여 제공함으로써 이미지 인지 오류를 예방하
였습니다.

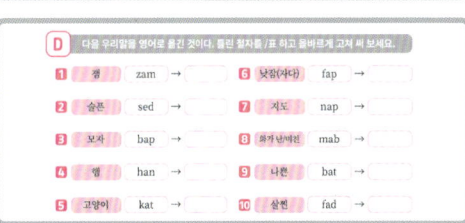

Practice D

잘못된 철자를 골라서 수정하도록 함으로써 철처하게 오류를 잡아
가며 학습할 수 있도록 합니다.

Review test

다섯 개 unit미다 복습히여 정리하고 객관식 문제를 제공
함으로써 종합적인 확인 학습을 하도록 합니다.

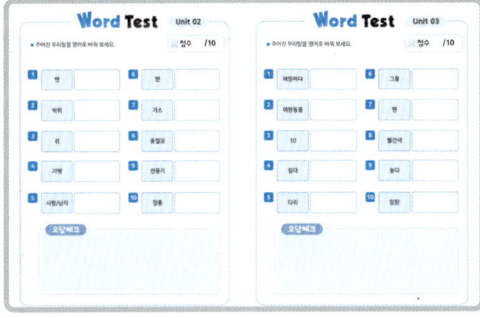

Word Test

각 unit마다 단어 test로 최종적인 단어 확인을 하고 틀린 단어들은
오답체크 난에서 연습하여 완벽하게 숙지하도록 합니다.

추가 Test

홈페이지에 각 unit에 대한 2회의 추가 Word Test 자료가 제공
되어 있습니다.

발음기호

영어에서 가장 기본이 되는 것은 읽기입니다. 영어는 한글과는 달라서 소리와 철자가 완전히 일치하지 않습니다. 따라서 단어를 정확히 읽기가 쉽지 않습니다. 그러므로 영어 단어를 읽을 때 그 소리를 정확히 가르쳐 주는 발음기호표가 필요합니다. 이에 발음기호표를 제공하오니 이를 참고로 하여 발음기호에 따라 천천히 차근차근 소리 내어 발음하면서 단어를 익혀 나가기를 당부 드립니다.

영어 발음 기호표

기호	[a]	[e]	[æ]	[i]	[ɔ]	[ʊ]	[ʌ]	[ju]
소리	아	에	애	이	오	우	어	유

기호	[a:]	[i:]	[ɔ:]	[u:]	[ə:]	[ɜ:]	[ju]	[ai]	[au]
소리	아:	이:	오:	우:	어:	어:	유:	아이	아우

기호	[ei]	[ɔi]	[ou]	[iər]	[eər]	[uər]	[w]	[wa]
소리	에이	오이	오우	이얼~	에얼~	우얼~	우	와

기호	[wɔ]	[j]	[ŋ]	[θ]	[ð]	[ʃ]	[ʒ]	[tʃ]	[d]
소리	워	이	응	쓰	드	쉬	쥐	취	쥐

차례

Unit 01　short a _a_

1음절 단어에서 a는 자음과 자음 사이에서 단모음 a[æ] 소리가 나요.

bad	mad	sad	ham	jam
나쁜	화가 난/미친	슬픈	햄	잼
b□d	m□d	s□d	h□m	j□m
ba□	□ad	sa□	□am	ja□
□□d	m□□	□a□	□□m	□a□
□□	□□	□□	□□	□□
□□	□□	□□	□□	□□
b□□	□a□	□□d	h□□	j□□
□□□	□□□	□□□	□□□	□□□
 나쁜				

Listen & Write! 위의 단어들을 가려주세요.

햄	화가 난/미친	잼	나쁜	슬픈

자음+a+자음
[æ]

* 큰소리로 다섯 번 따라 읽어 보세요. ○ ○ ○ ○ ○

cap	map	nap	cat	fat
모자	지도	낮잠(자다)	고양이	살찐
c□p □ap c□□	m□p □ap □□p	n□p □ap □□p	c□t □at c□□	f□t fa□ □□t
□□ □	□□ □	□□ □	□□ □	□□ □
□□ □	□□ □	□□ □	□□ □	□□ □
□a□	m□□	n□□	□□t	□a□
□□ □	□□ □	□□ □	□□ □	□□ □

살찐	고양이	지도	낮잠(자다)	모자

Practice

A 다음 주어진 그림과 우리말에 알맞은 단어를 고르고 영어로 써 보세요.

1 모자 cap☐ sad☐

2 슬픈 sad☐ mad☐

3 지도 map☐ jam☐

4 살찐 nap☐ fat☐

5 잼 ham☐ jam☐

6 고양이 bad☐ cat☐

7 햄 ham☐ fat☐

8 나쁜 cat☐ bad☐

9 낮잠(자다) nap☐ cap☐

10 화가 난/미친 mad☐ map☐

B 다음 우리말에 알맞은 단어를 골라 써 보세요.

1 My mom is _____.
(sad, mad, bad)

나의 엄마는 슬프다.

2 He likes my _____.
(tap, cat, fat)

그는 나의 고양이를 좋아한다.

3 This _____ is small for you.
(ham, jam, cap)

이 모자는 너에게 작다.

4 The _____ smells very salty.
(tap, ham, bad)

그 햄은 매우 짠 냄새가 난다.

5 She has a world _____.
(map, mad, cap)

그녀는 세계 지도를 가지고 있다.

C 다음 중 알맞은 것을 보기에서 골라 써 보세요.

> fat   map   bad   nap   jam   mad

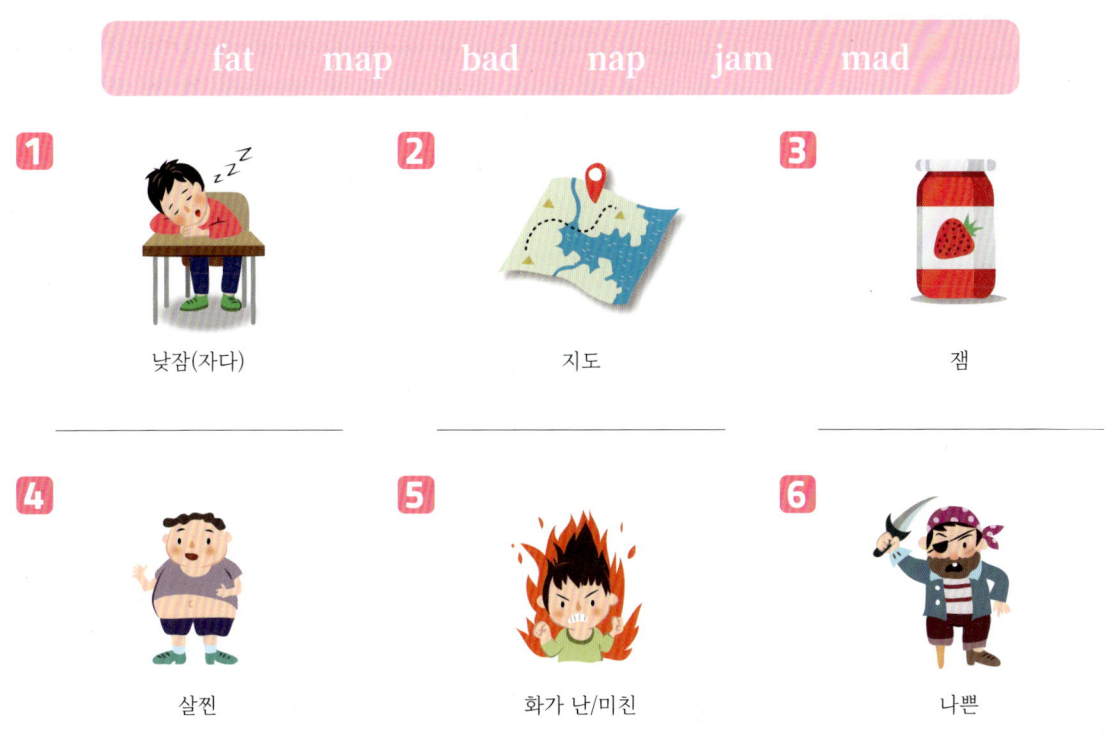

1 낮잠(자다)

2 지도

3 잼

4 살찐

5 화가 난/미친

6 나쁜

D 다음 우리말을 영어로 옮긴 것이다. 틀린 철자를 /표 하고 올바르게 고쳐 써 보세요.

1 잼   zam → ☐

2 슬픈   sed → ☐

3 모자   bap → ☐

4 햄   han → ☐

5 고양이   kat → ☐

6 낮잠(자다)   fap → ☐

7 지도   nap → ☐

8 화가 난/미친   mab → ☐

9 나쁜   bat → ☐

10 살찐   fad → ☐

1음절 단어에서 a는 자음과 자음 사이에서 단모음 a[æ] 소리가 나요.

bat	hat	rat	bag	gas
박쥐	중절모	쥐	가방	가스
b□t	ha□	r□t	b□g	□as
□at	□at	ra□	□ag	ga□
b□□	□a□	□□t	b□□	g□□
□□ □□	□□ □□	□□ □□	□□ □□	□□ □□
□□ □□	□□ □□	□□ □□	□□ □□	□□ □□
□□t	h□□	□a□	□a□	□□s
□□ □□	□□ □□	□□ □□	□□ □□	□□ □□

Listen & Write !   위의 단어들을 가려주세요.

가방	쥐	가스	박쥐	중절모

* 큰소리로 다섯 번 따라 읽어 보세요. ○○○○○

can	fan	man	pan	van
깡통	선풍기	사람/남자	팬	밴
c□n	f□n	m□n	p□n	v□n
ca□	fa□	□an	□an	□an
□□n	□a□	m□□	□a□	v□□
□□	□□	□□	□□	□□
□□	□□	□□	□□	□□
c□□	□□n	□a□	□□n	□a□
□□	□□	□□	□□	□□

선풍기	팬	밴	깡통	사람/남자

Practice

A 다음 주어진 그림과 우리말에 알맞은 단어를 고르고 영어로 써 보세요.

1 가방 van☐ bag☐

6 선풍기 man☐ fan☐

2 쥐 rat☐ bat☐

7 밴 van☐ hat☐

3 사람/남자 man☐ can☐

8 깡통 can☐ rat☐

4 가스 pan☐ gas☐

9 박쥐 bag☐ bat☐

5 중절모 hat☐ fan☐

10 팬 pan☐ gas☐

B 다음 우리말에 알맞은 단어를 골라 써 보세요.

1 There is a big _____.
(man, van, fan)

큰 밴이 있다.

2 Where is my _____?
(bag, bat, pan)

나의 가방은 어디에 있니?

3 She needs a _____.
(fan, rat, can)

그녀는 선풍기 한 대가 필요하다.

4 That _____ has the key.
(gas, bag, man)

저 사람이 열쇠를 가지고 있다.

5 A _____ is not cute.
(rat, bat, hat)

쥐는 귀엽지 않다.

C 다음 중 알맞은 것을 보기에서 골라 써 보세요.

gas   fan   can   hat   pan   bag

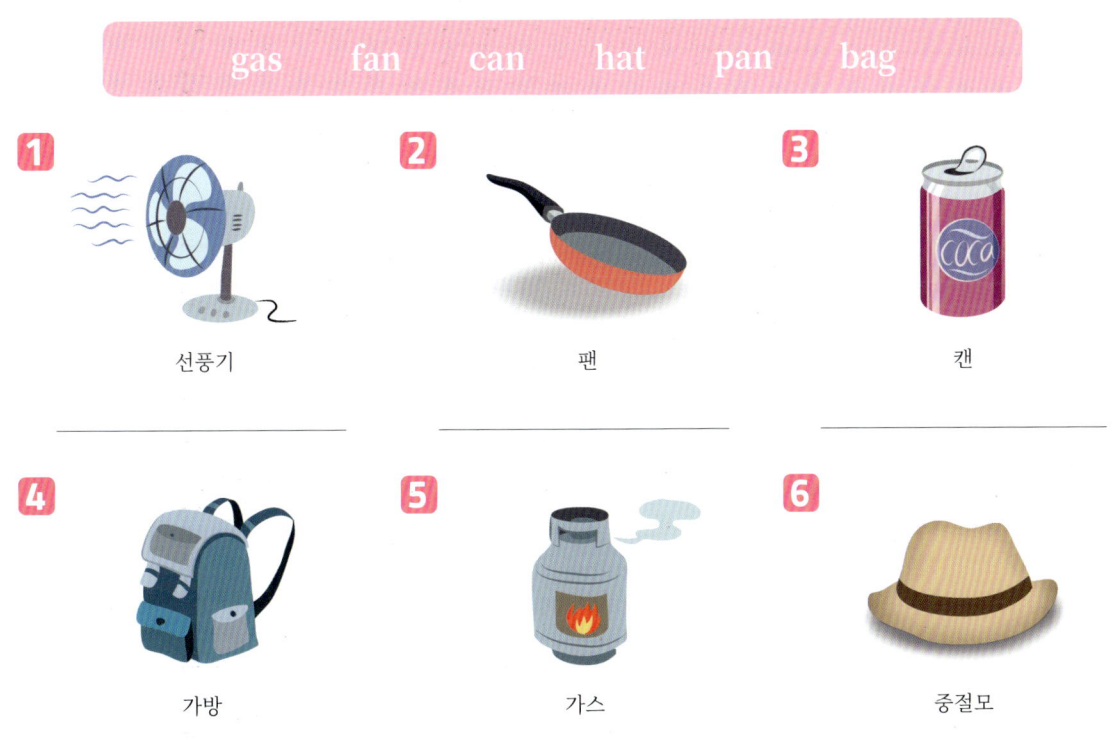

1 선풍기

_____

2 팬

_____

3 캔

_____

4 가방

_____

5 가스

_____

6 중절모

_____

D 다음 우리말을 영어로 옮긴 것이다. 틀린 철자를 /표 하고 올바르게 고쳐 써 보세요.

1 쥐   gat   →   [ ]

2 사람/남자   han   →   [ ]

3 밴   vap   →   [ ]

4 팬   gan   →   [ ]

5 박쥐   bam   →   [ ]

6 선풍기   ran   →   [ ]

7 중절모   het   →   [ ]

8 깡통   san   →   [ ]

9 가방   bad   →   [ ]

10 가스   has   →   [ ]

short e _e_

1음절 단어에서 e는 자음과 자음 사이에서 단모음 e[e] 소리가 나요.

bed	red	beg	leg	hen
침대	빨간색	애원하다	다리	암탉
b☐d	☐e☐	b☐g	☐e☐	h☐n
☐ed	re☐	☐eg	☐eg	he☐
☐e☐	☐ed	☐e☐	l☐☐	☐☐n
☐☐☐	☐☐☐	☐☐☐	☐☐☐	☐☐☐
☐☐☐	☐☐☐	☐☐☐	☐☐☐	☐☐☐
b☐☐	☐☐d	☐☐g	☐e☐	h☐☐
☐☐☐	☐☐☐	☐☐☐	☐☐☐	☐☐☐

Listen & Write ! 위의 단어들을 가려주세요.

암탉	다리	빨간색	애원하다	침대

* 큰소리로 다섯 번 따라 읽어 보세요. ○ ○ ○ ○ ○

pen	ten	net	pet	set
펜	10	그물	애완동물	놓다
p□n □en □e□	t□n te□ □□n	n□t □et n□□	p□t pe□ □e□	s□t se□ □□t
□□ □	□□ □	□□ □	□□ □	□□ □
□□ □	□□ □	□□ □	□□ □	□□ □
□□n	□e□	□□t	p□□	□e□
□□ □	□□ □	□□ □	□□ □	□□ □

10	놓다	펜	그물	애완동물

Practice

A 다음 주어진 그림과 우리말에 알맞은 단어를 고르고 영어로 써 보세요.

1 다리 beg☐ leg☐

2 빨간색 red☐ ten☐

3 암탉 hen☐ pet☐

4 10 ten☐ pen☐

5 침대 hen☐ bed☐

6 펜 pen☐ red☐

7 애완동물 net☐ pet☐

8 애원하다 beg☐ set☐

9 그물 bed☐ net☐

10 놓다 set☐ leg☐

B 다음 우리말에 알맞은 단어를 골라 써 보세요.

1 Touch your right _____.
(beg, leg, pen)
너의 오른쪽 다리를 만져봐.

2 Where is a _____ shop near here?
(pet, set, bed)
이 근처에 애완동물 가게가 어디에 있나요?

3 My favorite color is _____.
(ten, net, red)
내가 가장 좋아하는 색깔은 빨간색이다.

4 She borrows a blue _____.
(pen, hen, net)
그녀는 파란색 펜 하나를 빌린다.

5 They _____ us for forgiveness.
(leg, bed, beg)
그들은 우리에게 용서를 빈다(애원한다).

C 다음 중 알맞은 것을 보기에서 골라 써 보세요.

| hen | ten | set | red | bed | net |

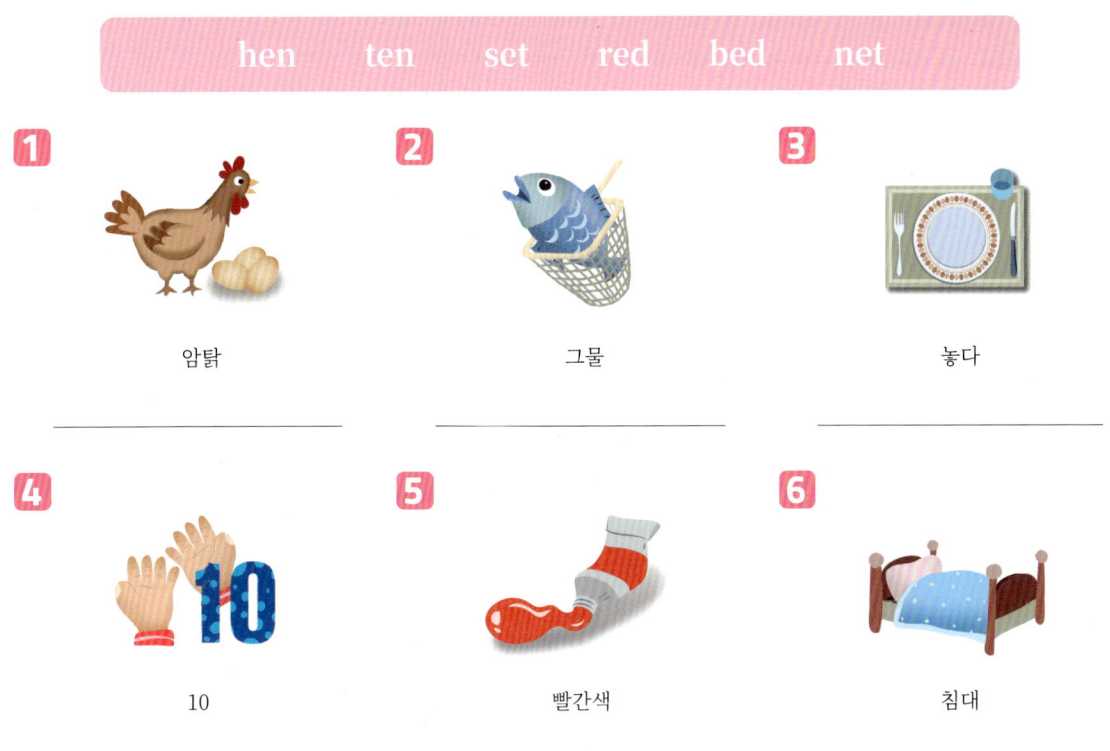

1 암탉 _____

2 그물 _____

3 놓다 _____

4 10 _____

5 빨간색 _____

6 침대 _____

D 다음 우리말을 영어로 옮긴 것이다. 틀린 철자를 /표 하고 올바르게 고쳐 써 보세요.

1 다리 len → _____

2 놓다 sat → _____

3 침대 ved → _____

4 그물 met → _____

5 빨간색 rad → _____

6 애원하다 feg → _____

7 펜 pem → _____

8 애완동물 fet → _____

9 10 tan → _____

10 암탉 hem → _____

1음절 단어에서 e는 자음과 자음 사이에서 단모음 e[e] 소리가 나요.

vet	wet	best	rest	test

수의사	젖은	최고의	쉬다	시험
v□t	w□t	b□st	r□st	t□st
□et	□et	□es□	□□st	t□□t
□e□	w□□	b□□t	re□□	□es□
□□□	□□□	□□□	□□□	□□□
□□□	□□□	□□□	□□□	□□□
v□□	□□t	b□s□	□e□t	□e□t
□□□	□□	□□□	□□□	□□□

시험	쉬다	젖은	수의사	최고의

자음+e+자음
[e]

* 큰소리로 다섯 번 따라 읽어 보세요. ○ ○ ○ ○ ○

vest	west	sell	tell	well
조끼	서쪽	팔다	말하다	잘/좋게
v□st	w□st	s□ll	t□ll	w□ll
□es□	□es□	□□ll	□e□l	□e□l
v□□t	w□s□	□el□	te□□	we□□
□ □ □ □	□ □ □ □	□ □ □ □	□ □ □ □	□ □ □
□ □ □ □	□ □ □ □	□ □ □ □	□ □ □ □	□ □ □
□e□t	w□□t	s□l□	□el□	w□□l
□ □ □ □	□ □ □ □	□ □ □ □	□ □ □ □	□ □ □

말하다	서쪽	조끼	잘/좋게	팔다

Practice

A 다음 주어진 그림과 우리말에 알맞은 단어를 고르고 영어로 써 보세요.

1 말하다 tell☐ best☐

2 수의사 vet☐ wet☐

3 조끼 well☐ vest☐

4 젖은 wet☐ rest☐

5 서쪽 west☐ vet☐

6 쉬다 test☐ rest☐

7 최고의 best☐ sell☐

8 팔다 sell☐ west☐

9 잘/좋게 tell☐ well☐

10 시험 vest☐ test☐

B 다음 우리말에 알맞은 단어를 골라 써 보세요.

1 I know the ＿＿＿＿＿＿ bakery.
(rest, best, west)
나는 최고의 빵집을 안다.

2 He ＿＿＿＿＿＿s everything to me.
(tell, well, wet)
그는 나에게 모든 것을 말한다.

3 A black ＿＿＿＿＿＿ is good on you.
(vet, vest, sell)
검은색 조끼가 너에게 잘 어울린다.

4 They ＿＿＿＿＿＿ in the living room.
(rest, test, well)
그들은 거실에서 쉰다.

5 His dad is a famous ＿＿＿＿＿＿.
(wet, west, vet)
그의 아빠는 유명한 수의사다.

C 다음 중 알맞은 것을 보기에서 골라 써 보세요.

well   test   west   best   sell   wet

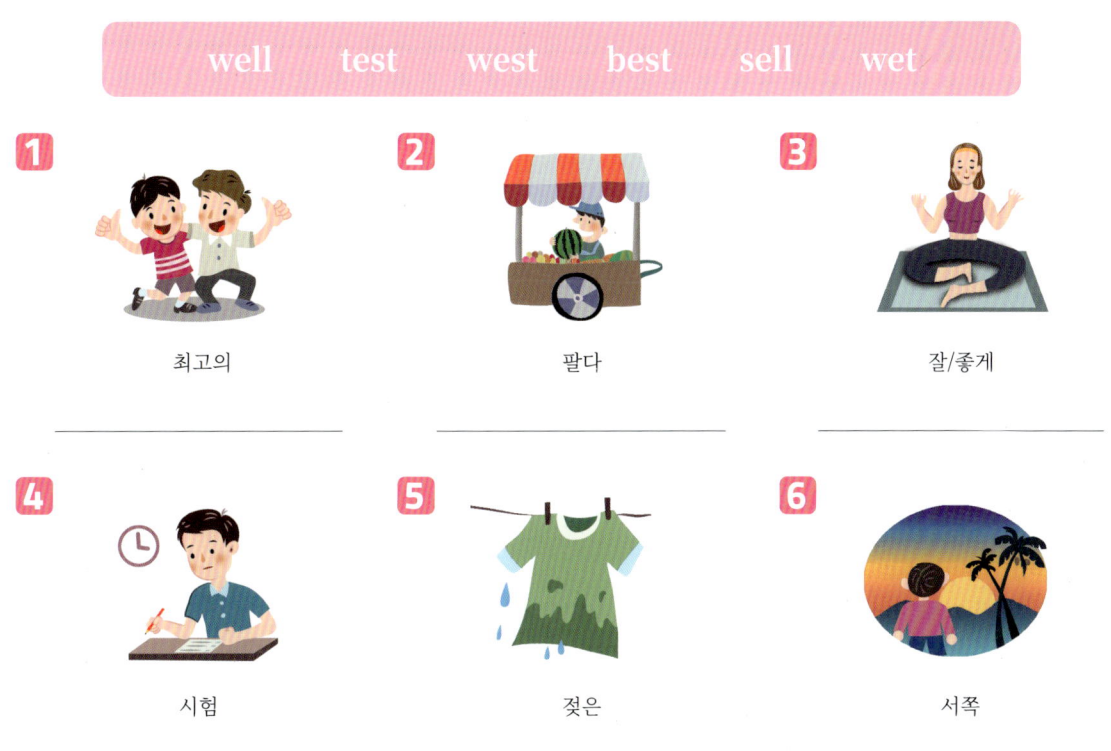

1	2	3
최고의	팔다	잘/좋게

4	5	6
시험	젖은	서쪽

D 다음 우리말을 영어로 옮긴 것이다. 틀린 철자를 /표 하고 올바르게 고쳐 써 보세요.

1	말하다	tall	→		6	조끼	vesk	→	
2	수의사	get	→		7	최고의	jest	→	
3	팔다	cell	→		8	쉬다	pest	→	
4	시험	tect	→		9	젖은	wut	→	
5	서쪽	mest	→		10	잘/좋게	zell	→	

Unit 05　short i _i_

I음절 단어에서 i는 자음과 자음 사이에서 단모음 i[i] 소리가 나요.

kid	lid	big	dig	pig
아이	뚜껑	큰	파다	돼지
k□d	l□d	b□g	d□g	p□g
□id	li□	bi□	□ig	□ig
□i□	l□□	□□g	d□□	p□□
□□	□□	□□	□□	□□
□□	□□	□□	□□	□□
k□□	□□d	□i□	□□g	□i□
□□	□□	□□	□□	□□

Listen & Write !　위의 단어들을 가려주세요.

큰	파다	돼지	아이	뚜껑

자음+i+자음
[i]

* 큰소리로 다섯 번 따라 읽어 보세요. ○ ○ ○ ○ ○

wig	pin	sin	win	fit
가발	핀	죄	이기다	~에 맞다
w☐g wi☐ ☐☐g	p☐n pi☐ ☐☐n	s☐n si☐ ☐☐n	w☐n wi☐ ☐☐n	f☐t fi☐ ☐☐t
☐☐☐	☐☐☐	☐☐☐	☐☐☐	☐☐☐
☐☐☐	☐☐☐	☐☐☐	☐☐☐	☐☐☐
w☐☐	☐i☐	s☐☐	w☐☐	☐i☐
☐☐☐	☐☐☐	☐☐☐	☐☐☐	☐☐☐

☐	☐	☐	☐	☐
죄	가발	이기다	핀	~에 맞다

Practice

A 다음 주어진 그림과 우리말에 알맞은 단어를 고르고 영어로 써 보세요.

1 큰 big☐ wig☐

2 뚜껑 win☐ lid☐

3 돼지 pig☐ dig☐

4 가발 wig☐ pin☐

5 죄 kid☐ sin☐

6 ~에 맞다 lid☐ fit☐

7 핀 fit☐ pin☐

8 아이 kid☐ pig☐

9 이기다 sin☐ win☐

10 파다 big☐ dig☐

B 다음 우리말에 알맞은 단어를 골라 써 보세요.

1 That dress _____s well.
(lid, win, fit)

저 드레스가 잘 맞는다.

2 The _____ grows fast.
(pig, wig, dig)

돼지는 빨리 자란다.

3 Don't forget to close the _____.
(kid, lid, sin)

뚜껑 닫는 것을 잊지 마.

4 I found two _____s on the desk.
(pin, sin, win)

나는 책상위에서 두 개의 핀을 발견했다.

5 Your bag is very _____.
(big, wig, pig)

너의 가방은 매우 크다.

C 다음 중 알맞은 것을 보기에서 골라 써 보세요.

dig　　sin　　kid　　win　　wig　　fit

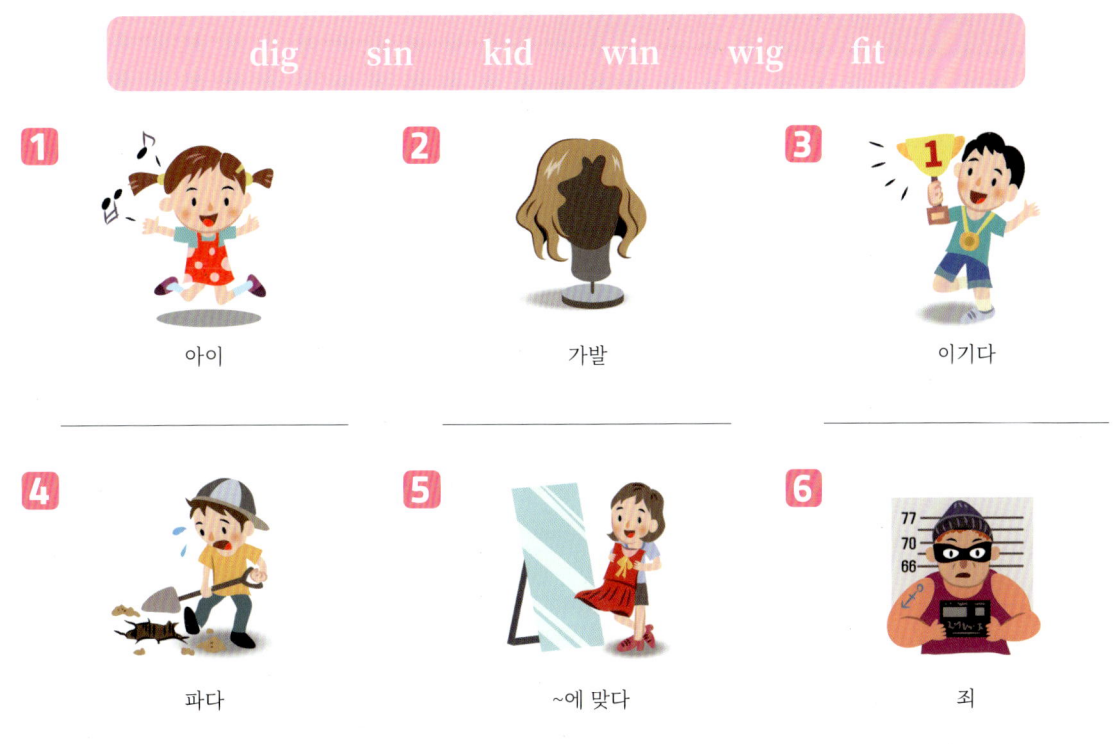

1 아이

2 가발

3 이기다

4 파다

5 ~에 맞다

6 죄

D 다음 우리말을 영어로 옮긴 것이다. 틀린 철자를 /표 하고 올바르게 고쳐 써 보세요.

1 큰　gig → _____

2 뚜껑　sid → _____

3 돼지　peg → _____

4 이기다　wan → _____

5 ~에 맞다　fin → _____

6 핀　pim → _____

7 가발　wip → _____

8 아이　kib → _____

9 파다　deg → _____

10 죄　hin → _____

REVIEW TEST

1 다음 우리말에 알맞게 빈칸을 채워 보세요.

1 nap - [　　　] - [　　　] - [　　　] - [　　　]
낮잠(자다)　　　살찐　　　화가 난/미친　　　잼　　　모자

2 can - [　　　] - [　　　] - [　　　] - [　　　]
캔　　　중절모　　　쥐　　　팬　　　가스

3 ten - [　　　] - [　　　] - [　　　] - [　　　]
10　　　그물　　　애원하다　　　놓다　　　다리

4 tell - [　　　] - [　　　] - [　　　] - [　　　]
말하다　　　시험　　　최고의　　　수의사　　　조끼

5 pin - [　　　] - [　　　] - [　　　] - [　　　]
핀　　　죄　　　파다　　　이기다　　　돼지

6 west - [　　　] - [　　　] - [　　　] - [　　　]
서쪽　　　암탉　　　젖은　　　잘/좋게　　　쉬다

7 bad - [　　　] - [　　　] - [　　　] - [　　　]
나쁜　　　선풍기　　　햄　　　슬픈　　　사람/남자

8 cat - [　　　] - [　　　] - [　　　] - [　　　]
고양이　　　가방　　　밴　　　박쥐　　　지도

9 red - [　　　] - [　　　] - [　　　] - [　　　]
빨간색　　　침대　　　다리　　　펜　　　애완동물

10 lid - [　　　] - [　　　] - [　　　] - [　　　]
뚜껑　　　큰　　　~에 맞다　　　아이　　　가발

2 다음 문장의 빈칸에 알맞은 단어를 골라 보세요.

1 He is my first _____.
그는 나의 첫째 아이다.
① fix ② lid ③ kid

6 _____s live in a dark cave.
박쥐들은 어두운 동굴에 산다.
① Rat ② Bat ③ Beg

2 We _____ under the tree.
우리는 그 나무 아래에서 쉰다.
① rest ② fat ③ well

7 She likes apple _____.
그녀는 사과잼을 좋아한다.
① jam ② ham ③ bun

3 There are a _____ and two roosters.
한 마리의 암탉과 두 마리의 수탉이 있다.
① hat ② hen ③ ten

8 Tom wants to _____ his car.
Tom은 그의 차를 팔고 싶어 한다.
① sell ② tell ③ bill

4 Ann is my _____ friend.
Ann은 나의 최고의(가장 친한) 친구이다.
① man ② wet ③ best

9 He wears a gray _____.
그는 회색 가발을 쓴다.
① win ② wig ③ pig

5 The sun sets in the _____.
해는 서쪽으로 진다.
① west ② fan ③ kill

10 Kittens are _____ with rain.
새끼고양이들이 비에 젖었다.
① wet ② ill ③ well

Unit 06　short i _i_

1음절 단어에서 i는 자음과 자음 사이에서 단모음 i[i] 소리가 나요.

hit	sit	fix	mix	milk
때리다	앉다	고정(수리)하다	섞다	우유
h□t	s□t	f□x	m□x	m□lk
□it	□it	fi□	□ix	m□□k
□i□	s□□	□i□	m□□	m□l□
□□ □	□□ □	□□ □	□□ □	□□ □
□□ □	□□ □	□□ □	□□ □	□□ □
h□□	□i□	f□□	□i□	□i□k
□□ □	□□ □	□□ □	□□ □	□□ □

Listen & Write!　위의 단어들을 가려주세요.

섞다	때리다	우유	앉다	고정(수리)하다

* 큰소리로 다섯 번 따라 읽어 보세요. ○ ○ ○ ○ ○

ill	bill	hill	fill	kill
아픈	계산서/지폐	언덕	채우다	죽이다
□ll	b□ll	h□ll	f□ll	k□ll
i□l	b□l□	□i□l	□i□l	ki□□
□l□	□i□l	hi□l	□il□	□□ll
□ □ □	□ □ □	□ □ □	□ □ □	□ □ □
□ □ □	□ □ □	□ □ □	□ □ □	□ □ □
□□l	bi□□	h□l□	f□□l	k□l□
□ □ □	□ □ □	□ □ □	□ □ □	□ □ □

죽이다	언덕	아픈	계산서/지폐	채우다

Practice

A 다음 주어진 그림과 우리말에 알맞은 단어를 고르고 영어로 써 보세요.

1 앉다 ill☐ sit☐

2 우유 milk☐ kill☐

3 언덕 fill☐ hill☐

4 아픈 ill☐ sit☐

5 계산서/지폐 bill☐ milk☐

6 섞다 mix☐ fix☐

7 때리다 hill☐ hit☐

8 채우다 bill☐ fill☐

9 죽이다 kill☐ mix☐

10 고정(수리)하다 hit☐ fix☐

B 다음 우리말에 알맞은 단어를 골라 써 보세요.

1 Let's _____ butter and chocolate.
(hit, milk, mix)
버터와 초콜릿을 섞어보자.

2 There is a pine tree on the _____.
(kill, hill, hit)
언덕 위에 소나무 한그루가 있다.

3 Some boys _____ on the bench.
(sit, bill, ill)
몇 명의 소년들이 벤치에 앉는다.

4 He _____s three bottles with water.
(fill, kill, fix)
그는 세 개의 병을 물로 채운다.

5 She looks _____ today.
(milk, hill, ill)
그녀는 오늘 아픈 것처럼 보인다.

C 다음 중 알맞은 것을 보기에서 골라 써 보세요.

fix   bill   hit   mix   kill   milk

1 계산서/지폐

2 우유

3 고정(수리)하다

4 섞다

5 죽이다

6 때리다

D 다음 우리말을 영어로 옮긴 것이다. 틀린 철자를 /표 하고 올바르게 고쳐 써 보세요.

1 언덕	hell →	**6** 채우다	jill →
2 앉다	sat →	**7** 섞다	max →
3 때리다	git →	**8** 계산서/지폐	bell →
4 죽이다	kili →	**9** 우유	nilk →
5 고정(수리)하다	six →	**10** 아픈	ell →

l음절 단어에서 o는 자음과 자음 사이에서 단모음 o[a] 소리가 나요.

God	job	rob	cop	pop
신/하나님	일/직업	강도질하다	경찰관	뻥하고 터지다
G☐d	j☐b	r☐b	c☐p	p☐p
Go☐	☐ob	ro☐	☐op	☐op
☐☐d	☐o☐	☐☐b	c☐☐	☐☐p
☐☐ ☐☐	☐☐ ☐☐	☐☐ ☐☐	☐☐ ☐☐	☐☐ ☐☐
☐☐ ☐☐	☐☐ ☐☐	☐☐ ☐☐	☐☐ ☐☐	☐☐ ☐☐
G☐☐	j☐☐	☐o☐	☐☐p	p☐☐
☐☐ ☐☐	☐☐ ☐☐	☐☐ ☐☐	☐☐ ☐☐	☐☐ ☐☐

Listen & Write ! 위의 단어들을 가려주세요.

뻥하고 터지다	경찰관	일/직업	강도질하다	신/하나님

* 큰소리로 다섯 번 따라 읽어 보세요. ○○○○○

top	hot	pot	box	fox
꼭대기	뜨거운	냄비/항아리	상자	여우
t□p	h□t	p□t	b□x	f□x
to□	□ot	□ot	□ox	fo□
□□p	□o□	p□□	b□□	□□x
□□ □	□□ □	□□ □	□□ □	□□ □
□□ □	□□ □	□□ □	□□ □	□□ □
□o□	□□t	□o□	□□x	f□□
□□ □	□□ □	□□ □	□□ □	

냄비/항아리	꼭대기	여우	뜨거운	상자

Practice

A 다음 주어진 그림과 우리말에 알맞은 단어를 고르고 영어로 써 보세요.

1 냄비/항아리 box□ pot□

2 뜨거운 pop□ hot□

3 강도질하다 rob□ job□

4 빵하고 터지다 hot□ pop□

5 꼭대기 top□ cop□

6 경찰관 God□ cop□

7 상자 box□ pot□

8 일/직업 fox□ job□

9 신/하나님 God□ rob□

10 여우 fox□ top□

B 다음 우리말에 알맞은 단어를 골라 써 보세요.

1 I drink a cup of _____ tea.
(pot, hot, God)
나는 뜨거운 차 한 잔을 마신다.

2 He _____ bed Sam's house.
(fox, rob, cop)
그는 Sam의 집을 강도질했다.

3 What is your _____?
(job, top, pop)
당신의 직업(일)은 무엇입니까?

4 The last book is in the _____.
(box, fox, hot)
마지막 책은 상자 안에 있다.

5 The _____ wears a nice cap.
(rob, pot, cop)
그 경찰관은 멋진 모자를 쓴다.

C 다음 중 알맞은 것을 보기에서 골라 써 보세요.

fox   pop   God   job   pot   top

1 뻥하고 터지다

2 꼭대기

3 여우

4 냄비/항아리

5 신/하나님

6 일/직업

D 다음 우리말을 영어로 옮긴 것이다. 틀린 철자를 /표 하고 올바르게 고쳐 써 보세요.

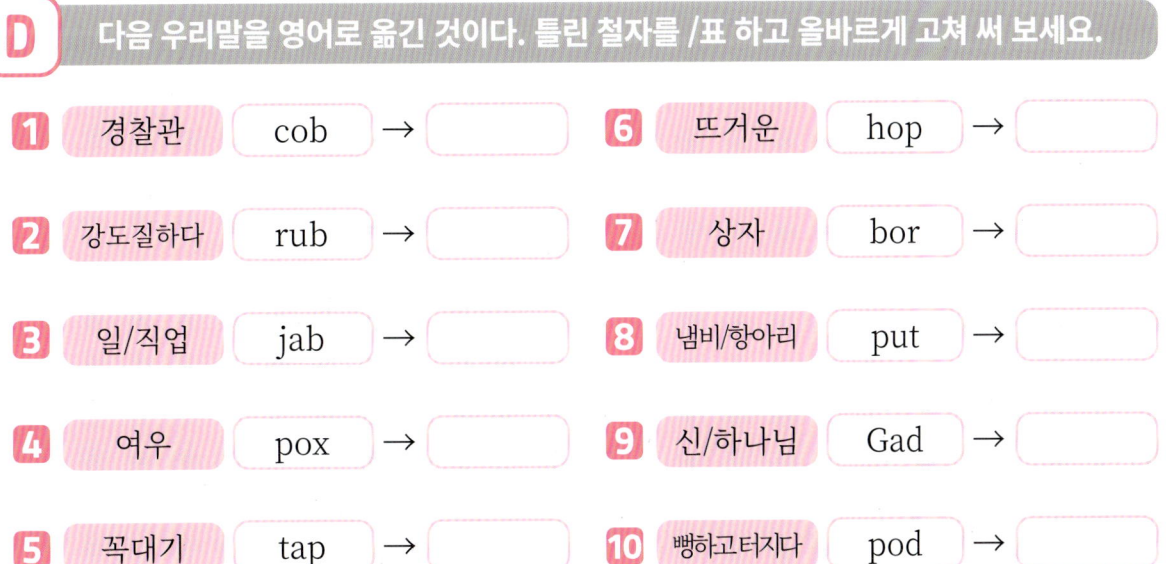

1 경찰관   cob   →

2 강도질하다   rub   →

3 일/직업   jab   →

4 여우   pox   →

5 꼭대기   tap   →

6 뜨거운   hop   →

7 상자   bor   →

8 냄비/항아리   put   →

9 신/하나님   Gad   →

10 뻥하고터지다   pod   →

1음절 단어에서 u는 자음과 자음 사이에서 단모음 u[ʌ] 소리가 나요.

rub	tub	bud	mud	bug
문지르다	욕조	새싹	진흙	벌레
r□b	t□b	b□d	m□d	b□g
□ub	tu□	□ub	mu□	□ug
□□b	□u□	□□d	□□d	b□□
□□□	□□□	□□□	□□□	□□□
□□□	□□□	□□□	□□□	□□□
□u□	t□□	□u□	m□□	□□g
□□□	□□□	□□□	□□□	□□□

Listen & Write! 위의 단어들을 가려주세요.

진흙	새싹	문지르다	벌레	욕조

* 큰소리로 다섯 번 따라 읽어 보세요. ○ ○ ○ ○ ○

hug	mug	rug	bun	fun
껴안다	머그잔	깔개	(작고 둥글납작한) 빵	재미(있는)
h□g □ug □u□	m□g □ug m□□	r□g ru□ □u□	b□n bu□ □□n	f□n fu□ □u□
□□ □□	□□ □□	□□ □□	□□ □□	□□ □□
□□ □□	□□ □□	□□ □□	□□ □□	□□ □□
□□g	□u□	r□□	b□□	□□n
□□ □□	□□ □□	□□ □□	□□ □□	□□ □□

재미(있는)	(작고 둥글납작한) 빵	껴안다	깔개	머그잔

Practice

A 다음 주어진 그림과 우리말에 알맞은 단어를 고르고 영어로 써 보세요.

1 껴안다 hug☐ mug☐

2 새싹 bud☐ tub☐

3 재미(있는) bun☐ fun☐

4 (작고 둥글납작한) 빵 bug☐ bun☐

5 진흙 mud☐ rub☐

6 깔개 rug☐ mud☐

7 문지르다 hug☐ rub☐

8 벌레 bug☐ bud☐

9 욕조 tub☐ rug☐

10 머그잔 fun☐ mug☐

B 다음 우리말에 알맞은 단어를 골라 써 보세요.

1 I like this soft _____.
(bug, rug, mug)
　　　　　　나는 이 부드러운 깔개가 좋다.

2 Look, there is a _____.
(mud, bun, bud)
　　　　　　저기 봐, 새싹이야.

3 Mom _____s her hands on the towel.
(rub, fun, tub)
　　　　　　엄마는 수건에 손을 문지른다.

4 The game looks _____.
(bug, bun, fun)
　　　　　　그 게임은 재미있어 보인다.

5 They _____ me gently.
(tub, mug, hug)
　　　　　　그들은 다정하게 나를 껴안는다.

C 다음 중 알맞은 것을 보기에서 골라 써 보세요.

mud   tub   rug   bun   mug   bug

1 깔개

_____

2 진흙

_____

3 욕조

_____

4 (작고 둥글납작한) 빵

_____

5 머그잔

_____

6 벌레

_____

D 다음 우리말을 영어로 옮긴 것이다. 틀린 철자를 /표 하고 올바르게 고쳐 써 보세요.

1 껴안다　hub　→ ☐

2 재미(있는)　hun　→ ☐

3 문지르다　rob　→ ☐

4 벌레　dug　→ ☐

5 욕조　tup　→ ☐

6 새싹　dud　→ ☐

7 깔개　rag　→ ☐

8 (작고 둥글납작한) 빵　bum　→ ☐

9 머그잔　nug　→ ☐

10 진흙　mad　→ ☐

Unit 09 short u _u_

1음절 단어에서 u는 자음과 자음 사이에서 단모음 u[ʌ] 소리가 나요.
단, put의 u는 [ʊ] 소리가 나요.

run	sun	gum	gun	cup

달리다	해	껌	총	컵
r□n	s□n	g□m	g□n	c□p
□un	su□	gu□	□un	□up
r□□	□u□	□□m	□u□	□□p
□□ □□	□□ □□	□□ □□	□□ □□	□□ □□
□□ □□	□□ □□	□□ □□	□□ □□	□□ □□
□u□	□□n	g□□	□□n	c□□
□□ □□	□□ □□	□□ □□	□□ □□	□□ □□

Listen & Write! 위의 단어들을 가려주세요.

해	껌	컵	달리다	총

* 큰소리로 다섯 번 따라 읽어 보세요. ○ ○ ○ ○ ○

bus	cut	hut	nut	˙put
버스	자르다	오두막	견과	(~에) 두다
b□s bu□ b□□	c□t □ut □□t	h□t □ut h□□	n□t □ut n□□	p□t pu□ □u□
□ □ □	□ □ □	□ □ □	□ □ □	□ □ □
□ □ □	□ □ □	□ □ □	□ □ □	□ □ □
□□s	c□□	□u□	□□t	□□t
□ □ □	□ □ □	□ □ □	□ □ □	□ □ □

견과	버스	(~에) 두다	오두막	자르다

Practice

A 다음 주어진 그림과 우리말에 알맞은 단어를 고르고 영어로 써 보세요.

1 견과 gum☐ nut☐

2 컵 cup☐ gun☐

3 자르다 cut☐ cup☐

4 총 sun☐ gun☐

5 껌 gum☐ hut☐

6 버스 cut☐ bus☐

7 해 sun☐ run☐

8 오두막 put☐ hut☐

9 (~에) 두다 nut☐ put☐

10 달리다 run☐ bus☐

B 다음 우리말에 알맞은 단어를 골라 써 보세요.

1 Many _____s are on the table.
(hut, cup, gun)

많은 컵들이 식탁 위에 있다.

2 The _____ is shining.
(run, sun, gum)

해가 빛나고 있다.

3 Can you _____ the paper for me?
(cut, put, nut)

나를 위해 그 종이를 잘라줄 수 있니?

4 The _____ stops at the post office.
(gum, sun, bus)

그 버스는 우체국에서 선다.

5 I want cookies with _____s.
(nut, run, gun)

나는 견과들이 들어간 과자를 원한다.

C 다음 중 알맞은 것을 보기에서 골라 써 보세요.

gun	run	gum	cut	put	hut

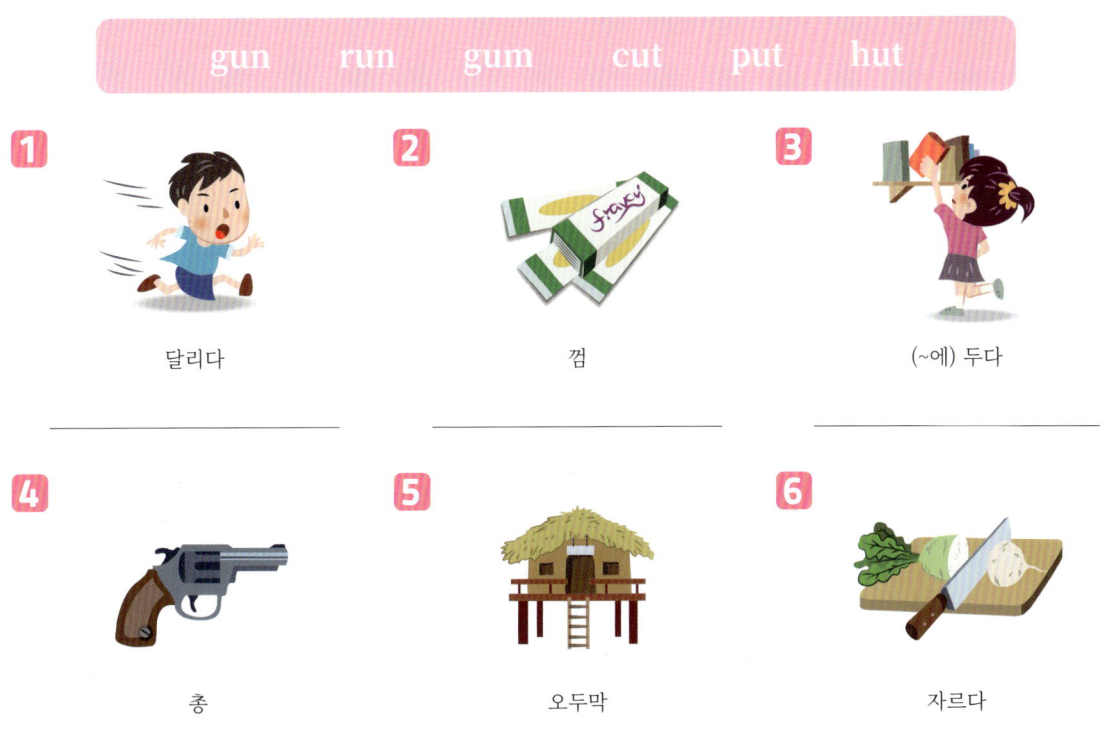

1 달리다

2 껌

3 (~에) 두다

4 총

5 오두막

6 자르다

D 다음 우리말을 영어로 옮긴 것이다. 틀린 철자를 /표 하고 올바르게 고쳐 써 보세요.

1 버스   bas →

2 견과   mut →

3 자르다   cot →

4 (~에) 두다   pug →

5 오두막   hot →

6 컵   cep →

7 해   sum →

8 총   kun →

9 달리다   ron →

10 껌   gun →

long a _a_e

1음절 단어의 마지막에 e가 오면 a는 알파벳 이름 [ei]로 소리가 나며
끝에 e는 소리 나지 않아요.

bake	cake	lake	make	take
굽다	케이크	호수	만들다	가지고 가다
b□k□	c□k□	l□k□	m□k□	t□k□
ba□□	□a□e	la□□	ma□□	□ak□
b□□e	□□ke	□ak□	□a□e	t□□e
□□□	□□□	□□□	□□□	□□□
□□□	□□□	□□□	□□□	□□□
□ak□	c□□e	□□ke	□□ke	ta□□
□□□		□□□		□□□

Listen & Write! 위의 단어들을 가려주세요.

호수	가지고 가다	굽다	케이크	만들다

자음+a+자음+e
[ei]

* 큰소리로 다섯 번 따라 읽어 보세요. ○ ○ ○ ○ ○

wake	game	name	date	hate
(잠에서) 깨다	경기/게임	이름	날짜	몹시 싫어하다
w□k□ □ak□ wa□e	g□m□ g□□e □am□	n□m□ n□□e □am□	d□t□ □□te d□□e	h□t□ □a□e h□□e
□ □ □	□ □ □	□ □ □	□ □ □	□ □ □
□ □ □	□ □ □	□ □ □	□ □ □	□ □ □
□□ke	□□me	□a□e	da□□	□at□
□ □ □	□ □ □	□ □ □	□ □ □	□ □ □

날짜	몹시 싫어하다	(잠에서) 깨다	이름	경기/게임

Practice

A 다음 주어진 그림과 우리말에 알맞은 단어를 고르고 영어로 써 보세요.

1. 가지고 가다 take☐ wake☐

2. 몹시 싫어하다 date☐ hate☐

3. 호수 cake☐ lake☐

4. 만들다 lake☐ make☐

5. 케이크 bake☐ cake☐

6. 굽다 hate☐ bake☐

7. 날짜 date☐ make☐

8. 경기/게임 game☐ name☐

9. 이름 name☐ take☐

10. (잠에서) 깨다 wake☐ game☐

B 다음 우리말에 알맞은 단어를 골라 써 보세요.

1. You really _____ bugs.
   (lake, date, hate)

   너는 벌레들을 진짜로 몹시 싫어하는구나.

2. She _____s a tumbler every day.
   (take, make, cake)

   그녀는 매일 텀블러를 가지고 간다.

3. What _____ is it today?
   (date, game, name)

   오늘 날짜는 며칠입니까?

4. He _____ s cookies in the kitchen.
   (wake, cake, bake)

   그는 부엌에서 과자를 굽는다.

5. A bird skimmed over the _____.
   (game, lake, hate)

   새 한마리가 호수 위를 스치듯 날아갔다.

C 다음 중 알맞은 것을 보기에서 골라 써 보세요.

| wake | hate | cake | name | game | make |

1

케이크

_____

2
이름

_____

3
몹시 싫어하다

_____

4
경기/게임

_____

5
만들다

_____

6
(잠에서) 깨다

_____

D 다음 우리말을 영어로 옮긴 것이다. 틀린 철자를 /표 하고 올바르게 고쳐 써 보세요.

1 호수   nake → _____

2 가지고 가다   teke → _____

3 몹시 싫어하다   hame → _____

4 (잠에서) 깨다   wate → _____

5 이름   mame → _____

6 날짜   dite → _____

7 굽다   bace → _____

8 케이크   kake → _____

9 경기/게임   gane → _____

10 만들다   meke → _____

1 다음 우리말에 알맞게 빈칸을 채워 보세요.

1 job - [ ] - [ ] - [ ] - [ ]
일/직업   상자   빵하고 터지다   냄비/항아리   경찰관

2 rob - [ ] - [ ] - [ ] - [ ]
강도질하다   여우   뜨거운   신/하나님   꼭대기

3 hut - [ ] - [ ] - [ ] - [ ]
오두막   버스   껌   견과   컵

4 run - [ ] - [ ] - [ ] - [ ]
달리다   총   해   자르다   (~에)두다

5 wake - [ ] - [ ] - [ ] - [ ]
(잠에서) 깨다   경기   날짜   몹시 싫어하다   만들다

6 rub - [ ] - [ ] - [ ] - [ ]
문지르다   깔개   새싹   껴안다   머그잔

7 take - [ ] - [ ] - [ ] - [ ]
가지고 가다   이름   케이크   호수   (음식을) 굽다

8 fix - [ ] - [ ] - [ ] - [ ]
고정(수리)하다   우유   죽이다   아픈   언덕

9 fill - [ ] - [ ] - [ ] - [ ]
채우다   섞다   앉다   계산서/지폐   때리다

10 bun - [ ] - [ ] - [ ] - [ ]
(작고 동글납작한) 빵   욕조   진흙   벌레   재미(있는)

2 다음 문장의 빈칸에 알맞은 단어를 골라 보세요.

1 A _____ lives in the cave.
한 마리 여우가 그 동굴에 산다.
① fox   ② hot   ③ box

6 _____ loves us.
하나님은 우리를 사랑하신다.
① cop   ② rob   ③ God

2 I ____ with my dog everyday.
나는 나의 강아지와 함께 매일 달린다.
① sun   ② run   ③ ride

7 My mom ____s a pretty doll.
나의 엄마는 예쁜 인형을 만드신다.
① make   ② wake   ③ rub

3 She washed her _____.
그녀는 그녀의 머그잔을 닦았다.
① bud   ② mud   ③ mug

8 A kid is holding a cup of ____.
아이가 우유 한 컵을 들고 있다.
① mix   ② man   ③ milk

4 I really like strawberry _____.
나는 딸기 케이크를 정말 좋아한다.
① dive   ② bike   ③ cake

9 Do you remember her ____?
너는 그녀의 이름을 기억하니?
① name   ② game   ③ give

5 He poked a balloon for ____.
그는 재미로 풍선을 찔렀다.
① fun   ② bun   ③ nut

10 Jim _____s the eraser in two.
Jim은 지우개를 둘로 자른다.
① hut   ② cut   ③ put

Unit 11 long a _a_e

l음절 단어의 마지막에 e가 오면 a는 알파벳 이름인 장모음 a[ei]로 소리가 나며
끝에 e는 소리 나지 않아요.

late	cane	lane	cave	save
늦은	지팡이	좁은 길	동굴	구하다
l□t□	c□n□	□a□e	c□v□	□a□e
l□□e	ca□□	□an□	□av□	□□ve
□□te	□□ne	□□ne	ca□□	s□□e
□□□	□□□	□□□	□□□	□□□
□□□	□□□	□□□	□□□	□□□
□a□e	□an□	la□□	c□□e	sa□□
□□□	□□□	□□□	□□□	□□□

* 큰소리로 다섯 번 따라 읽어 보세요. ○○○○○

wave	pale	sale	face	race
파도	창백한	판매	얼굴	경주
w□v□	p□l□	s□l□	f□c□	r□c□
□av□	p□□e	sa□□	□ac□	r□□e
w□□e	□□le	s□□e	f□□e	□□ce
□ □ □	□ □ □	□ □ □	□ □ □	□ □ □
□ □ □	□ □ □	□ □ □	□ □ □	□ □ □
□a□e	pa□□	□al□	□□ce	□a□e
□ □ □	□ □ □	□ □ □	□ □ □	□ □ □

경주	얼굴	창백한 말	판매	파도

Practice

A 다음 주어진 그림과 우리말에 알맞은 단어를 고르고 영어로 써 보세요.

1 지팡이 cane☐ lane☐

2 늦은 wave☐ late☐

3 판매 pale☐ sale☐

4 동굴 cave☐ cane☐

5 파도 sale☐ wave☐

6 창백한 pale☐ save☐

7 경주 race☐ face☐

8 구하다 cave☐ save☐

9 얼굴 late☐ face☐

10 좁은 길 lane☐ race☐

B 다음 우리말에 알맞은 단어를 골라 써 보세요.

1 Their faces are _____ now.
(late, pale, cane)

지금 그들의 얼굴은 창백하다.

2 He will win the _____ tomorrow.
(race, sale, face)

그는 내일 경주에서 이길 것이다.

3 The fire fighters _____d my little girl.
(cave, save, wave)

그 소방관들이 나의 어린 딸을 구했다.

4 She was _____ for school.
(lane, late, pale)

그녀는 학교에 늦었다(지각했다).

5 I want a strong _____.
(cane, cave, lane)

나는 튼튼한 지팡이를 원한다.

C 다음 중 알맞은 것을 보기에서 골라 써 보세요.

cave   pale   face   wave   sale   lane

1 창백한

2 얼굴

3 좁은 길

4 동굴

5 판매

6 파도

D 다음 우리말을 영어로 옮긴 것이다. 틀린 철자를 /표 하고 올바르게 고쳐 써 보세요.

1 구하다   tave →

2 경주   rase →

3 파도   weve →

4 좁은 길   lave →

5 얼굴   pace →

6 창백한   fale →

7 늦은   lati →

8 지팡이   came →

9 동굴   kave →

10 판매   sate →

Unit 12 long i _i_e

1음절 단어의 마지막에 e가 오면 i는 알파벳 이름인 장모음 i[ai]로 소리가 나며
끝에 e는 소리 나지 않아요.

ice	nice	rice	bike	hike
얼음	멋진	쌀/밥	자전거	하이킹(가다)
□ce i□e i□□	n□c□ ni□e n□□e	r□c□ ri□□ □□ce	□i□e b□□e □ik□	h□k□ □□ke h□□e
□□ □□	□□ □□	□□ □□	□□ □□	□□ □□
□□ □□	□□ □□	□□ □□	□□ □□	□□ □□
□c□	□ic□	□ic□	bi□□	□i□e
□□ □□	□□ □□	□□ □□	□□ □□	□□ □□

Listen & Write ! 위의 단어들을 가려주세요.

멋진	자전거	하이킹(가다)	얼음	쌀/밥

자음+i+자음+e
[ai]

* 큰소리로 다섯 번 따라 읽어 보세요. ○○○○○

like	bite	kite	site	time

좋아하다	물다	연	위치	시간
l□k□	b□t□	k□t□	s□t□	t□m□
□ik□	□it□	k□□e	s□te	□□me
li□□	□i□e	ki□□	□i□e	□i□e
□ □ □	□ □ □	□ □ □	□ □ □	□ □ □
□ □ □	□ □ □	□ □ □	□ □ □	□ □ □
l□□e	bi□□	□i□e	□it□	t□□e
□ □ □	□ □ □	□ □ □	□ □ □	□ □ □

| 위치 | 물다 | 좋아하다 | 시간 | 연 |

Practice

A 다음 주어진 그림과 우리말에 알맞은 단어를 고르고 영어로 써 보세요.

1 연 kite☐ like☐

2 시간 bite☐ time☐

3 쌀/밥 ice☐ rice☐

4 위치 site☐ hike☐

5 좋아하다 like☐ time☐

6 자전거 rice☐ bike☐

7 멋진 nice☐ site☐

8 물다 bite☐ bike☐

9 얼음 nice☐ ice☐

10 하이킹(가다) kite☐ hike☐

B 다음 우리말에 알맞은 단어를 골라 써 보세요.

1 Don't _____ your brother again.
(time, bite, ice)

다시는 네 동생을 물지 마라.

2 She goes to school by _____.
(bike, hike, kite)

그녀는 자전거로 학교에 간다.

3 _____ flies fast.
(Time, Like, Site)

시간은 빨리 흐른다.

4 You have very _____ voice.
(rice, bite, nice)

너는 아주 멋진 목소리를 가지고 있다.

5 He makes a _____ for his kid.
(site, hike, kite)

그는 그의 아이를 위해 연을 만든다.

C 다음 중 알맞은 것을 보기에서 골라 써 보세요.

like   rice   hike   ice   bite   site

1 좋아하다	2 쌀/밥	3 위치
4 얼음	5 물다	6 하이킹(가다)

D 다음 우리말을 영어로 옮긴 것이다. 틀린 철자를 /표 하고 올바르게 고쳐 써 보세요.

1	연	kote	→	6	멋진	bice	→
2	시간	tine	→	7	자전거	bake	→
3	물다	bete	→	8	좋아하다	rike	→
4	쌀/밥	race	→	9	위치	sate	→
5	하이킹(가다)	hite	→	10	얼음	ise	→

Unit 13 long i _i_e

I음절 단어의 마지막에 e가 오면 i는 알파벳 이름인 장모음 i[ai]로 소리가 나며 끝에 e는 소리 나지 않아요. 단, give, live의 i는 [i] 소리가 나요.

dive	hide	ride	wide	fine
(물속으로) 뛰어들다	감추다	타다	넓은	좋은
d□v□ d□□e □□ve	h□d□ □i□e □id□	r□d□ □□de ri□□	w□d□ w□□e □□de	f□n□ f□□e □□ne
□□□□ □□□□	□□□□ □□□□	□□□□ □□□□	□□□□ □□□□	□□□□ □□□□
□iv□	h□□e	□id□	wi□□	□in□
□□□□	□□□□	□□□□	□□□□	□□□□

Listen & Write! 위의 단어들을 가려주세요.

타다	(물 속으로) 뛰어들다	넓은	좋은	감추다

자음+i+자음+e
[ai]

* 큰소리로 다섯 번 따라 읽어 보세요. ○ ○ ○ ○ ○

line	rise	wise	˙give	˙live
선	오르다	지혜로운	주다	살다
l□n□	r□s□	w□s□	g□v□	□i□e
li□□	ri□□	□□se	g□□e	l□□e
□in□	□i□e	w□□e	□iv□	li□□
□□□	□□□	□□□	□□□	□□□
□□□	□□□	□□□	□□□	□□□
□□ne	ri□□	□is□	gi□□	□□ve
□□□	□□□	□□□	□□□	□□□

살다	선	오르다	지혜로운	주다

Practice

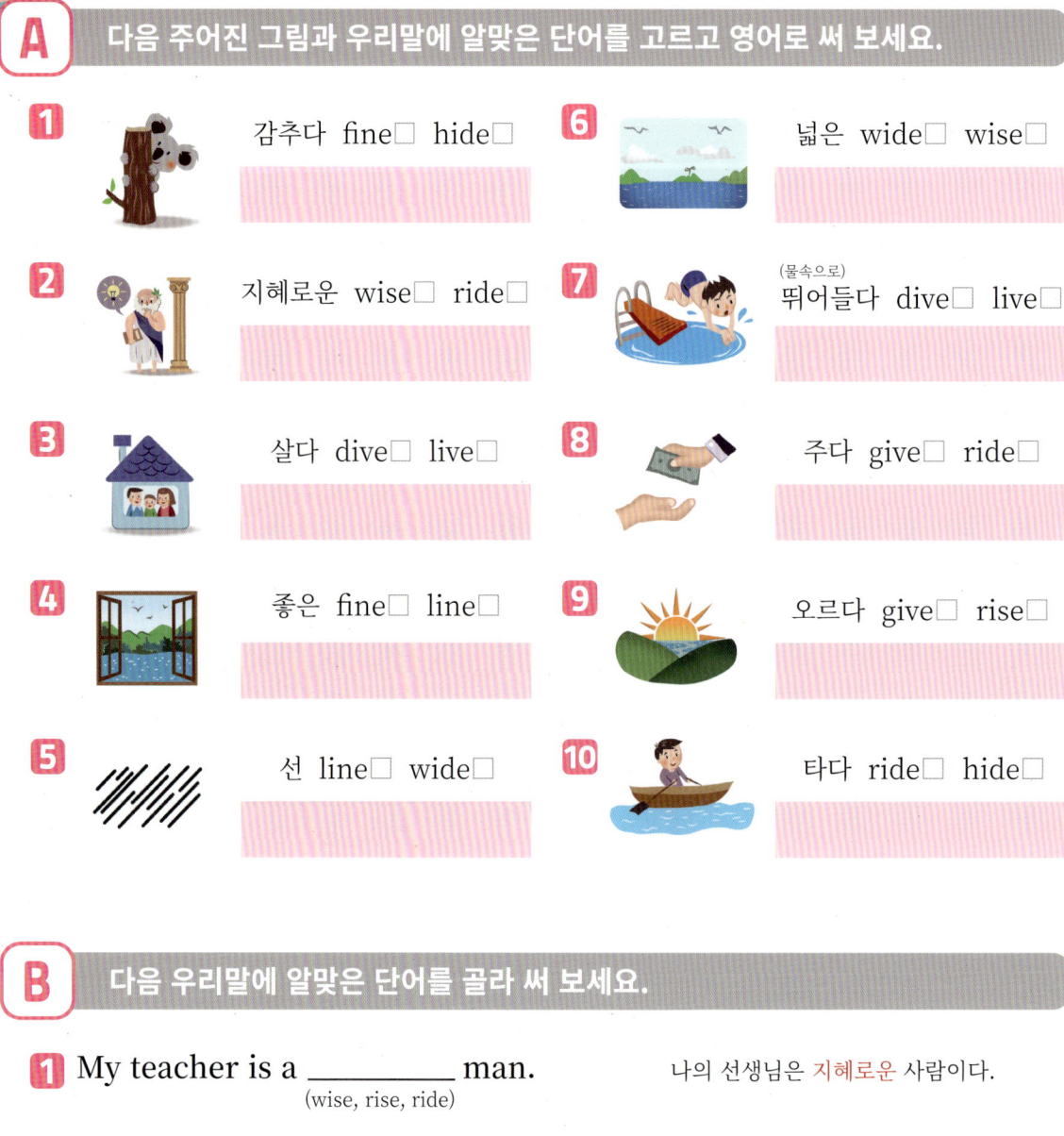

A 다음 주어진 그림과 우리말에 알맞은 단어를 고르고 영어로 써 보세요.

1 감추다 fine☐ hide☐

2 지혜로운 wise☐ ride☐

3 살다 dive☐ live☐

4 좋은 fine☐ line☐

5 선 line☐ wide☐

6 넓은 wide☐ wise☐

7 (물속으로) 뛰어들다 dive☐ live☐

8 주다 give☐ ride☐

9 오르다 give☐ rise☐

10 타다 ride☐ hide☐

B 다음 우리말에 알맞은 단어를 골라 써 보세요.

1 My teacher is a _____ man.
(wise, rise, ride)
나의 선생님은 지혜로운 사람이다.

2 We will buy a _____ mirror.
(hide, give, wide)
우리는 넓은 거울을 살 것이다.

3 They _____ in Korea.
(line, live, give)
그들은 한국에 산다.

4 She _____s her jewels in the closet.
(ride, wise, hide)
그녀는 그녀의 보석들을 옷장에 감춘다.

5 A woman _____s from the cliff.
(dive, live, line)
한 여자가 절벽에서 (물속으로) 뛰어든다.

C 다음 중 알맞은 것을 보기에서 골라 써 보세요.

> nice   ride   rise   line   give   wise

1
지혜로운

_____

2
오르다

_____

3
좋은

_____

4
선

_____

5
주다

_____

6
타다

_____

D 다음 우리말을 영어로 옮긴 것이다. 틀린 철자를 /표 하고 올바르게 고쳐 써 보세요.

1 넓은   wibe → ☐

2 살다   rive → ☐

3 주다   gibe → ☐

4 좋은   fane → ☐

5 타다   rade → ☐

6 감추다   kide → ☐

7 지혜로운   vise → ☐

8 (물속으로) 뛰어들다   dave → ☐

9 선   lime → ☐

10 오르다   rese → ☐

Unit 14 long o _o_e

1음절 단어의 마지막에 e가 오면 o는 알파벳 이름인 장모음 o[ou]로 소리가 나며 끝에 e는 소리 나지 않아요.

bone	cone	lone	hole	role
뼈	원뿔	혼자인	구멍	역할
b□n□	c□n□	l□n□	h□l□	r□l□
b□□e	□on□	□on□	□ol□	□ol□
□□ne	c□□e	lo□□	h□□e	□o□e
bo□□	□□ne	□□ne	□o□e	ro□□

Listen & Write ! 위의 단어들을 가려주세요.

구멍	뼈	역할	혼자인	원뿔

자음+o+자음+e
[ou]

* 큰소리로 다섯 번 따라 읽어 보세요. ○ ○ ○ ○ ○

hope	rope	nose	rose	hose
희망	밧줄	코	장미	호스
h□p□ □□pe h□□e	r□p□ ro□□ □o□e	n□s□ no□□ □□se	r□s□ □□se □o□e	h□s□ h□□e □□se
□□□	□□□	□□□		□□□
□□□	□□□	□□□		□□□
□o□e	r□□e	n□□e	ro□□	□os□
□□□	□□□	□□□		□□□

코	장미	희망	호스	밧줄

Practice

A 다음 주어진 그림과 우리말에 알맞은 단어를 고르고 영어로 써 보세요.

1 코 nose ☐ role ☐

2 장미 rose ☐ lone ☐

3 밧줄 hose ☐ rope ☐

4 역할 role ☐ rose ☐

5 혼자인 bone ☐ lone ☐

6 구멍 hole ☐ cone ☐

7 뼈 hope ☐ bone ☐

8 원뿔 cone ☐ nose ☐

9 호스 hole ☐ hose ☐

10 희망 rope ☐ hope ☐

B 다음 우리말에 알맞은 단어를 골라 써 보세요.

1 There is a huge _____ in the wall.
(cone, hole, hose)

벽에 거대한 구멍이 있다.

2 Her _____ looks like yours.
(rose, lone, nose)

그녀의 코는 너의 것을 닮았다.

3 A dog hides a _____ in the ground.
(bone, cone, hope)

강아지가 땅에 뼈 하나를 숨긴다.

4 You have to hold a blue _____.
(hope, hole, rope)

너는 파란 밧줄을 잡고 있어야만 한다.

5 Colorful _____s are everywhere.
(rose, role, bone)

형형색색의 장미들이 어디에나 있다.

C 다음 중 알맞은 것을 보기에서 골라 써 보세요.

hole	hope	hose	cone	role	lone

1

희망

_____

2

호스

_____

3

역할

_____

4

구멍

_____

5

혼자인

_____

6

원뿔

_____

D 다음 우리말을 영어로 옮긴 것이다. 틀린 철자를 /표 하고 올바르게 고쳐 써 보세요.

1 코   fose → _____

2 뼈   bane → _____

3 역할   rope → _____

4 혼자인   ione → _____

5 원뿔   come → _____

6 장미   rase → _____

7 밧줄   rofe → _____

8 구멍   hule → _____

9 호스   hoze → _____

10 희망   hopi → _____

1음절 단어의 마지막에 e가 오면 o는 알파벳 이름인 장모음 o[ou]로 소리가 나며
끝에 e는 소리 나지 않아요. 단, come, some의 o는 [ʌ] 소리가 나요.

code	mode	joke	poke	note
암호/부호	방식	농담	찌르다	메모
c□d□	m□d□	j□k□	p□k□	n□t□
□o□e	m□□e	j□□e	p□□e	□□te
co□□	□od□	□□ke	□ok□	□o□e
□□□□	□□□□	□□□□	□□□□	□□□□
□□□□	□□□□	□□□□	□□□□	□□□□
c□□e	□□de	□o□e	□o□e	no□□
□□□□	□□□□	□□□□	□□□□	□□□□

Listen & Write !　위의 단어들을 가려주세요.

방식	메모	찌르다	암호/부호	농담

자음+o+자음+e
[ou]

* 큰소리로 다섯 번 따라 읽어 보세요. ○○○○○

vote	doze	home	˙come	˙some
투표하다	졸다	가정/집	오다	약간의
v□t□	d□z□	h□m□	c□m□	s□m□
vo□□	d□□e	□o□e	□□me	□o□e
□o□e	□□ze	ho□□	□om□	□□me
□ □ □	□ □ □	□ □ □	□ □ □	□ □ □
□ □ □	□ □ □	□ □ □	□ □ □	□ □ □
□□te	□o□e	□om□	c□□e	so□□
□ □ □	□ □ □	□ □ □	□ □ □	□ □ □

가정/집	졸다	투표하다	약간의	오다

A 다음 주어진 그림과 우리말에 알맞은 단어를 고르고 영어로 써 보세요.

1 오다 come□ poke□

2 투표하다 note□ vote□

3 농담 mode□ joke□

4 찌르다 poke□ vote□

5 가정/집 some□ home□

6 약간의 some□ joke□

7 암호/부호 code□ doze□

8 방식 home□ mode□

9 메모 come□ note□

10 졸다 doze□ code□

B 다음 우리말에 알맞은 단어를 골라 써 보세요.

1 He didn't get my _____.
(joke, poke, doze)

그는 나의 농담을 받아들이지 않았다.

2 They invented a difficult _____.
(mode, note, code)

그들은 어려운 암호를 발명했다.

3 Put _____ pepper in the soup.
(home, some, poke)

수프에 약간의 후추를 넣어라.

4 The mailman _____s on Mondays.
(come, mode, joke)

우체부는 월요일마다 온다.

5 She will _____ for Kate.
(code, note, vote)

그녀는 Kate에게 투표할 것이다.

C 다음 중 알맞은 것을 보기에서 골라 써 보세요.

poke	home	code	mode	doze	note

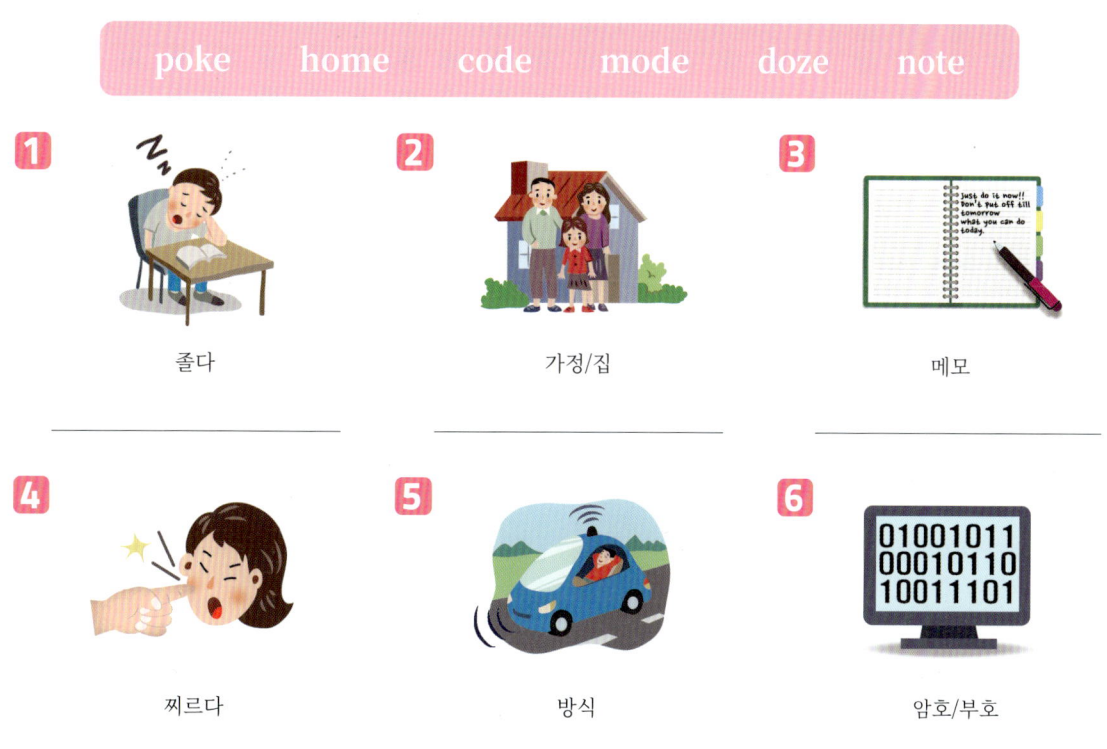

1 졸다

2 가정/집

3 메모

4 찌르다

5 방식

6 암호/부호

D 다음 우리말을 영어로 옮긴 것이다. 틀린 철자를 /표 하고 올바르게 고쳐 써 보세요.

1 오다　coma → 　　　　

2 농담　joge → 　　　　

3 암호/부호　cude → 　　　　

4 가정/집　hone → 　　　　

5 메모　noje → 　　　　

6 투표하다　wote → 　　　　

7 약간의　same → 　　　　

8 졸다　poze → 　　　　

9 찌르다　pake → 　　　　

10 방식　mobe →

REVIEW TEST

1 다음 우리말에 알맞게 빈칸을 채워 보세요.

1 wave - ⬜ - ⬜ - ⬜ - ⬜

파도   경주   지팡이   구하다   좁은 길

2 cave - ⬜ - ⬜ - ⬜ - ⬜

동굴   늦은   얼굴   창백한   판매

3 wide - ⬜ - ⬜ - ⬜ - ⬜

넓은   선   (물속으로) 뛰어들다   지혜로운   쌀/밥

4 like - ⬜ - ⬜ - ⬜ - ⬜

좋아하다   자전거   연   멋진   주다

5 fine - ⬜ - ⬜ - ⬜ - ⬜

좋은   타다   감추다   오르다   살다

6 bite - ⬜ - ⬜ - ⬜ - ⬜

물다   위치   하이킹 (가다)   얼음   시간

7 lone - ⬜ - ⬜ - ⬜ - ⬜

혼자인   밧줄   호스   구멍   약간의

8 home - ⬜ - ⬜ - ⬜ - ⬜

가정/집   희망   오다   방식   농담

9 bone - ⬜ - ⬜ - ⬜ - ⬜

뼈   역할   코   장미   메모

10 cone - ⬜ - ⬜ - ⬜ - ⬜

원뿔   졸다   암호/부호   투표하다   찌르다

2   다음 문장의 빈칸에 알맞은 단어를 골라 보세요.

1 We will buy some _____.
우리는 약간의 쌀을 살 것이다.
① rice   ② rise   ③ kite

2 An ice cream _____ is a good dessert.
아이스크림콘은 좋은 디저트이다.
① bone   ② cone   ③ mode

3 Draw a long ____on the paper.
종이 위에 긴 선을 그려라.
① code   ② vote   ③ line

4 His _____ is always red.
그의 코는 항상 빨갛다.
① nose   ② hose   ③ code

5 My dog likes to play with a _____.
나의 개는 뼈를 가지고 노는 것을 좋아한다.
① poke   ② hole   ③ bone

6 Peter's _____ is very important.
Peter의 역할은 매우 중요하다.
① rope   ② lone   ③ role

7 He gives her a short _____.
그는 그녀에게 짧은 메모를 준다.
① note   ② cute   ③ mute

8 Tom makes us happy with a _____.
Tom은 농담으로 우리를 즐겁게 만든다.
① poke   ② joke   ③ home

9 She _____d in the bus.
그녀는 버스에서 깜빡 졸았다.
① hose   ② doze   ③ vote

10 You are the last _____ for us.
당신은 우리에게 마지막 희망이다.
① rope   ② hope   ③ home

Unit 16 long u _u_e

1음절 단어의 마지막에 e가 오면 u는 알파벳 이름인 장모음 u[ju]나 [uː]로 소리가 나며 끝에 e는 소리 나지 않아요.

cube	cute	huge	mute	tune
정육면체	귀여운	거대한	말이 없는	곡조/조율하다
c□b□	c□t□	h□g□	m□t□	t□n□
□□be	□□te	□u□e	□□te	□un□
cu□□	cu□□	h□□e	mu□□	□□ne
□ub□	□u□e	hu□□	□u□e	t□□e

Listen & Write! 위의 단어들을 가려주세요.

거대한	곡조/조율하다	말이 없는	정육면체	귀여운

자음+u+자음+e
[ju], [uː]

* 큰소리로 다섯 번 따라 읽어 보세요. ○ ○ ○ ○ ○

rude	rule	June	tube	sue
무례한	규칙	6월	튜브/관	고소하다
r□d□	r□l□	J□n□	t□b□	su□
r□□e	□□le	J□□e	t□□e	□□e
□u□e	ru□□	□u□e	□ub□	□u□
□□ □□	□□ □□	□□ □□	□□ □□	□□
□□ □□	□□ □□	□□ □□	□□ □□	□□
□ud□	□u□e	□□ne	□□be	s□□
□□ □□	□□ □□	□□ □□	□□ □□	□□

규칙	6월	무례한	고소하다	튜브/관

Practice

A 다음 주어진 그림과 우리말에 알맞은 단어를 고르고 영어로 써 보세요.

1 6월 mute☐ June☐

6 튜브/관 tune☐ tube☐

2 거대한 huge☐ sue☐

7 정육면체 cube☐ cute☐

3 곡조/조율하다 tune☐ tube☐

8 규칙 rude☐ rule☐

4 무례한 cube☐ rude☐

9 고소하다 June☐ sue☐

5 말이 없는 mute☐ rule☐

10 귀여운 cute☐ huge☐

B 다음 우리말에 알맞은 단어를 골라 써 보세요.

1 Don't be _____ to your teacher.
(rude, tube, rule)

너의 선생님에게 무례하게 굴지 마라.

2 We are going to _____ you.
(huge, sue, tune)

우리는 당신을 고소할 것이다.

3 Ann waves her hand to a _____ kid.
(cute, cube, tube)

Ann은 귀여운 아이에게 손을 흔든다.

4 They were _____ for a while.
(June, huge, mute)

그들은 잠시 동안 말이 없었다.

5 Some students broke the school _____.
(rule, tune, cute)

몇몇의 학생이 학교 규칙을 어겼다.

C 다음 중 알맞은 것을 보기에서 골라 써 보세요.

June   huge   tube   cube   sue   tune

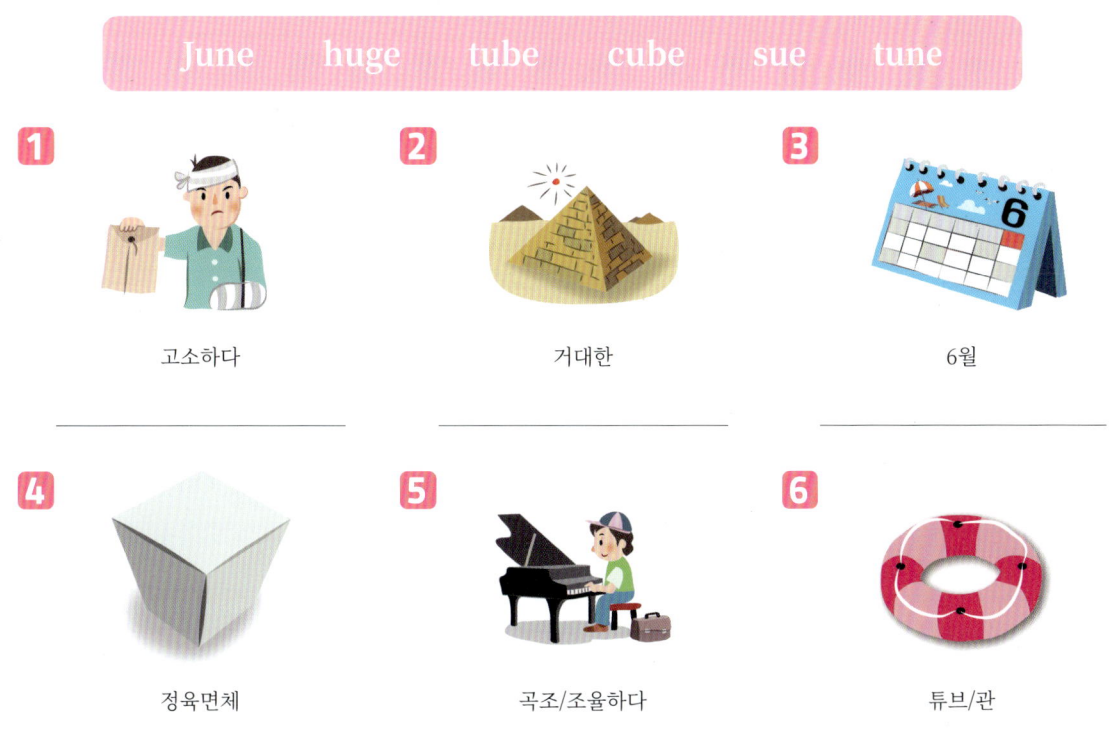

1 고소하다

2 거대한

3 6월

4 정육면체

5 곡조/조율하다

6 튜브/관

D 다음 우리말을 영어로 옮긴 것이다. 틀린 철자를 /표 하고 올바르게 고쳐 써 보세요.

1 규칙   pule →

6 귀여운   kute →

2 예의 없는   rode →

7 말이 없는   mete →

3 튜브/관   tude →

8 고소하다   sua →

4 거대한   hugi →

9 정육면체   cabe →

5 6월   Jane →

10 곡조/조율하다   tuce →

두 개의 모음 ai는 [ei] 소리가 나고 모음 a와 반모음 y가 합쳐진 ay도
장모음 [ei] 소리가 나요.

fail	mail	sail	pain	rain
실패하다	우편물을 보내다	항해하다	통증	비(가 오다)
f□□l	m□□l	s□□l	p□□n	r□□n
□□il	□□il	□□il	p□i□	□□in
□ai□	m□i□	□ai□	□□in	□a□n
□□□	□□□	□□□	□□□	□□□
□□□	□□□	□□□	□□□	□□□
f□i□	□ai□	sa□□	□a□n	□ai□
□□□	□□□	□□□	□□□	□□□

Listen & Write! 위의 단어들을 가려주세요.

비(가 오다)	통증	실패하다	항해하다	우편물을 보내다

ai, ay의 소리: [ei]

* 큰소리로 다섯 번 따라 읽어 보세요. ○ ○ ○ ○ ○

wait	day	pay	say	way
기다리다	하루/일	지불하다	말하다	길/방법
w□□t	d□□	p□□	s□□	w□□
□a□t	□ay	p□y	s□y	□ay
w□i□	da□	□ay	□ay	wa□
□ □ □	□ □	□ □	□ □	□ □
□ □ □	□ □	□ □	□ □	□ □
□□it	□a□	□□y	□□y	□□y
□ □ □	□ □	□ □	□ □	□ □

말하다	길/방법	하루/일	기다리다	지불하다

Practice

A 다음 주어진 그림과 우리말에 알맞은 단어를 고르고 영어로 써 보세요.

1 하루/일 day☐ wait☐

2 말하다 say☐ mail☐

3 통증 way☐ pain☐

4 기다리다 pay☐ wait☐

5 우편물을 보내다 mail☐ fail☐

6 길/방법 way☐ sail☐

7 실패하다 rain☐ fail☐

8 항해하다 sail☐ say☐

9 비(가 오다) day☐ rain☐

10 지불하다 pain☐ pay☐

B 다음 우리말에 알맞은 단어를 골라 써 보세요.

1 This is the best _____ to win.
(way, pay, wait,)

이것이 이길 수 있는 가장 좋은 방법이다.

2 I can finish it in a _____.
(rain, mail, day)

나는 그것을 하루 안에 끝낼 수 있다.

3 _____ hello to your parents.
(Way, Say, Sail)

너의 부모님께 안부를 전해줘(안녕이라고 말해줘).

4 Her recipe never _____s.
(fail, mail, way)

그녀의 요리법은 절대 실패하지 않는다.

5 My uncle has back _____.
(pay, pain, rain)

나의 삼촌은 허리 통증이 있다.

C 다음 중 알맞은 것을 보기에서 골라 써 보세요.

> rain   mail   wait   way   pay   sail

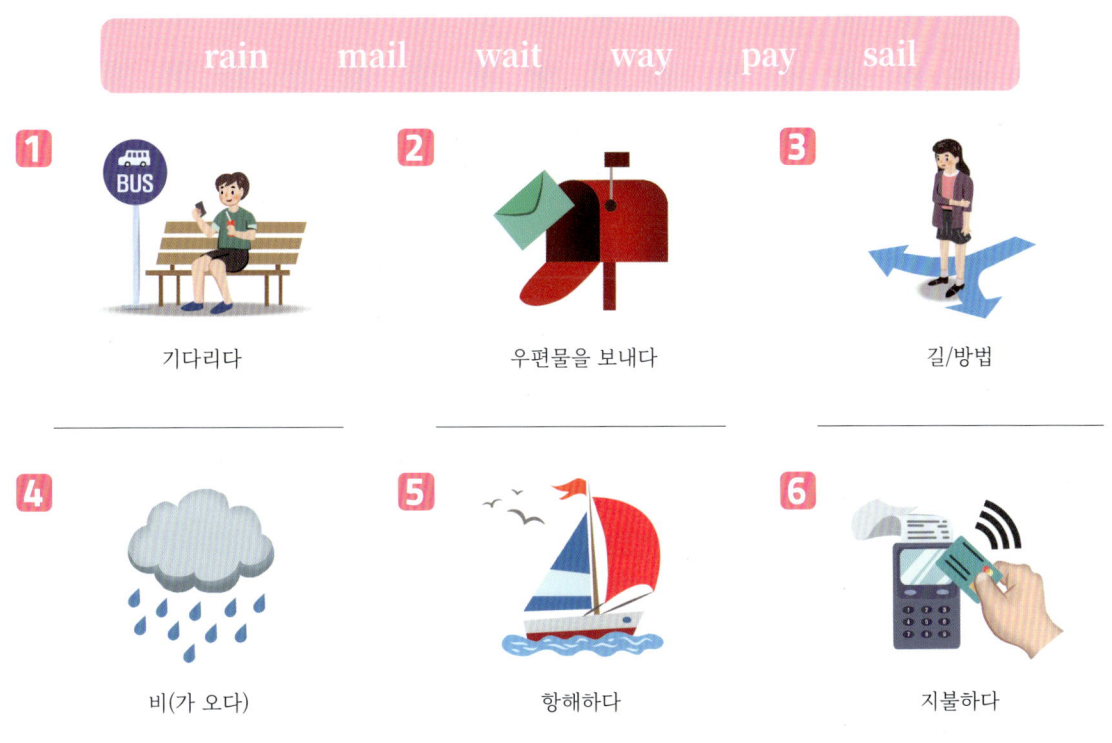

1 기다리다

_____

2 우편물을 보내다

_____

3 길/방법

_____

4 비(가 오다)

_____

5 항해하다

_____

6 지불하다

_____

D 다음 우리말을 영어로 옮긴 것이다. 틀린 철자를 /표 하고 올바르게 고쳐 써 보세요.

1 하루/일   dai   → _____

2 실패하다   foil   → _____

3 말하다   ray   → _____

4 우편물을 보내다   meil   → _____

5 지불하다   hay   → _____

6 길/방법   wai   → _____

7 통증   pein   → _____

8 비(가 오다)   lain   → _____

9 기다리다   waij   → _____

10 항해하다   sait   → _____

두 개의 모음 ea는 [iː] 소리가 나요.

sea	tea	eat	meat	meal
바다	차	먹다	고기	식사
s☐☐	t☐☐	☐☐t	m☐☐t	m☐☐l
se☐	☐ea	e☐t	☐e☐t	☐e☐l
s☐a	t☐a	ea☐	m☐a☐	me☐☐
☐☐	☐☐	☐☐	☐☐☐	☐☐☐
☐☐	☐☐	☐☐	☐☐☐	☐☐☐
☐☐a	☐e☐	☐a☐	☐ea☐	☐☐al
☐☐	☐☐	☐☐	☐☐☐	☐☐☐

Listen & Write ! 위의 단어들을 가려주세요.

차	고기	식사	바다	먹다

ea의 소리: [iː]

* 큰소리로 다섯 번 따라 읽어 보세요. ○ ○ ○ ○ ○

lead	read	leave	leaf	east
이끌다	읽다	떠나다	잎	동쪽
l□□d	r□□d	l□□ve	l□□f	□□st
le□d	□□ad	□ea□e	le□□	□as□
□ea□	r□a□	le□□e	□e□f	□a□t
□ □ □	□ □ □	□ □ □	□ □ □	□ □ □
□ □ □	□ □ □	□ □ □	□ □ □	□ □ □
l□a□	□ea□	l□a□e	l□a□	e□s□
□ □ □	□ □ □	□ □ □	□ □ □	□ □ □

잎	동쪽	이끌다	떠나다	읽다

Practice

1 읽다 lead☐ read☐

6 차 tea☐ leaf☐

2 고기 east☐ meat☐

7 식사 meal☐ eat☐

3 먹다 eat☐ leave☐

8 동쪽 sea☐ east☐

4 바다 tea☐ sea☐

9 떠나다 leave☐ read☐

5 잎 meal☐ leaf☐

10 이끌다 lead☐ meat☐

B 다음 우리말에 알맞은 단어를 골라 써 보세요.

1 The sun rises in the _____.
(leave, eat, east)

해는 동쪽에서 뜬다.

2 There is a cup of _____ for you.
(tea, sea, meat)

너를 위한 차 한 잔이 있다.

3 My sister _____s a book aloud.
(read, lead, leaf)

나의 여동생은 소리 내어 책을 읽는다.

4 She cooks with fresh _____.
(lead, eat, meat)

그녀는 신선한 고기로 요리한다.

5 Supper is the last _____ of my day.
(meal, leaf, leave)

간단한 저녁이 나의 하루에 마지막 식사다.

C 다음 중 알맞은 것을 보기에서 골라 써 보세요.

lead   leaf   meal   sea   leave   eat

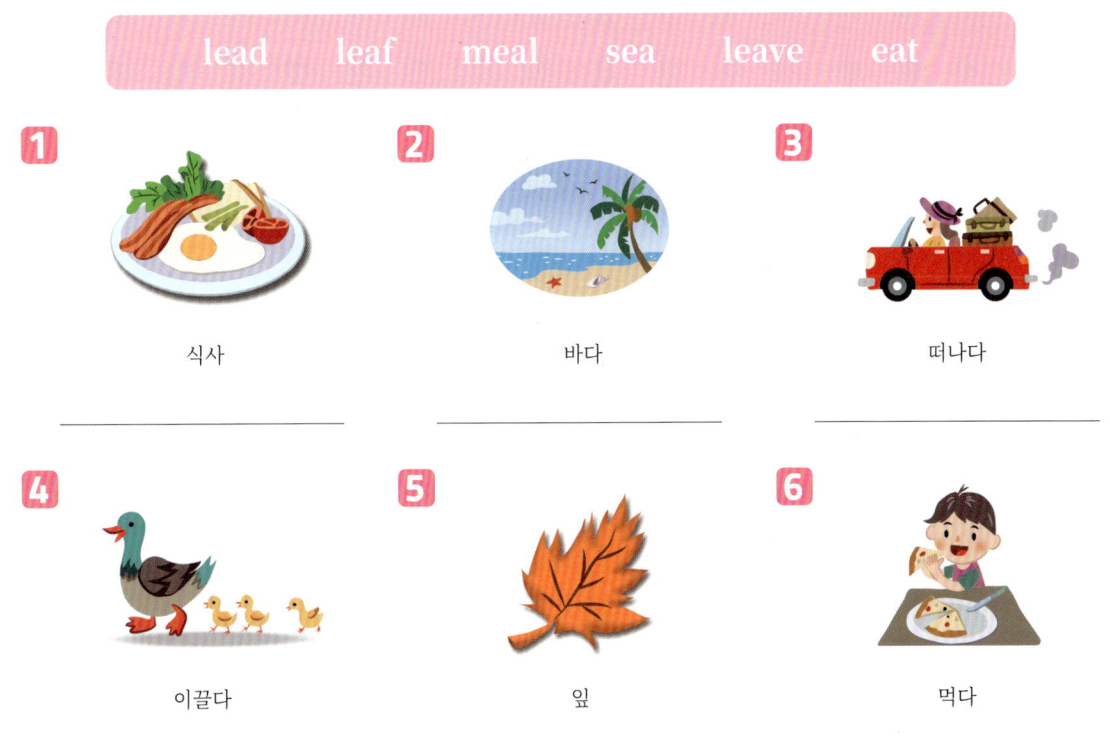

1
식사

_____

2
바다

_____

3
떠나다

_____

4
이끌다

_____

5
잎

_____

6
먹다

_____

D 다음 우리말을 영어로 옮긴 것이다. 틀린 철자를 /표 하고 올바르게 고쳐 써 보세요.

1 읽다   mead → ☐   **6** 동쪽   eist → ☐

2 차   teo → ☐   **7** 식사   neal → ☐

3 고기   meit → ☐   **8** 이끌다   liad → ☐

4 잎   jeaf → ☐   **9** 바다   cea → ☐

5 먹다   eet → ☐   **10** 떠나다   leabe → ☐

두 개의 모음 ea는 [e] 소리가 나요.
단, break, steak의 ea는 [ei] 소리가 나요.

dead	head	bread	heavy	health
죽은	머리	빵	무거운	건강
d□□d	h□□d	br□□d	h□□vy	h□□lth
□□ad	he□□	□r□□d	h□av□	□eal□□
□ea□	□e□d	b□ea□	he□□y	h□□l□h
de□□	h□a□	b□□□d	□e□v□	□□alt□

Listen & Write !　위의 단어들을 가려주세요.

무거운	빵	건강	죽은	머리

* 큰소리로 다섯 번 따라 읽어 보세요. ○○○○○

heaven	sweat	sweater	˙break	˙steak
천국	땀(을 흘리다)	스웨터	깨다/부수다	스테이크
h□□ven hea□□□ □□□□en	sw□□t □wea□ s□ea□	s□□ater sw□□t□r s□□□ter	br□□k b□ea□ □□ea□	st□□k st□a□ □te□□
h□□v□□	s□e□□	s□□at□□	□r□□k	s□□□k

땀(을 흘리다)	천국	스테이크	스웨터	깨다/부수다

Practice

A 다음 주어진 그림과 우리말에 알맞은 단어를 고르고 영어로 써 보세요.

1 빵 bread☐ sweater☐

2 천국 heaven☐ head☐

3 스웨터 sweat☐ sweater☐

4 스테이크 heaven☐ steak☐

5 건강 health☐ heavy☐

6 깨다/부수다 dead☐ break☐

7 무거운 break☐ heavy☐

8 죽은 dead☐ bread☐

9 땀(을 흘리다) sweat☐ health☐

10 머리 steak☐ head☐

B 다음 우리말에 알맞은 단어를 골라 써 보세요.

1 I didn't _____ your favorite dish.
(steak, sweat, break)

나는 네가 아끼는 접시를 깨지 않았다.

2 He can't move this _____ box.
(heavy, heaven, health)

그는 이 무거운 상자를 옮길 수 없다.

3 She washes an old _____ .
(head, sweater, steak)

그녀는 오래된 스웨터를 세탁한다.

4 My grandfather is in the _____.
(dead, health, heaven)

나의 할아버지는 천국에 계신다.

5 A loaf of _____ is enough for me.
(break, bread, dead)

빵 한 덩이면 나에게 충분하다.

C 다음 중 알맞은 것을 보기에서 골라 써 보세요.

| head | health | steak | break | dead | sweat |

1

건강

_____

2

머리

_____

3

죽은

_____

4

스테이크

_____

5

땀

_____

6

깨다/부수다

_____

D 다음 우리말을 영어로 옮긴 것이다. 틀린 철자를 /표 하고 올바르게 고쳐 써 보세요.

1 무거운   hiavy → [   ]   **6** 천국   heavon → [   ]

2 빵   dread → [   ]   **7** 스웨터   sweiter → [   ]

3 깨다/부수다   breek → [   ]   **8** 건강   heanth → [   ]

4 땀(을 흘리다)   sveat → [   ]   **9** 죽은   bead → [   ]

5 머리   heat → [   ]   **10** 스테이크   stiak → [   ]

Unit 20 ee

두 개의 모음 ee는 [iː] 소리가 나요.

bee	free	tree	feed	need
벌	자유로운	나무	먹이를 주다	필요하다
b□□	fr□□	tr□□	f□□d	n□□d
□e□	f□e□	□r□e	□ee□	□□ed
□ee	□r□e	t□□e	f□e□	□ee□
□□□	□□□	□□□	□□□	□□□
□□□	□□□	□□□	□□□	□□□
□□e	f□□e	□re□	□□ed	n□e□
□□□	□□□	□□□	□□□	□□□

Listen & Write! 위의 단어들을 가려주세요.

필요하다	먹이를 주다	벌	나무	자유로운

ee의 소리: [iː]

* 큰소리로 다섯 번 따라 읽어 보세요. ○ ○ ○ ○ ○

feel	deep	keep	meet	week
느끼다	깊은	유지하다	만나다	주/일주일
f□□l	d□□p	k□□p	m□□t	w□□k
□ee□	□e□p	□□ep	□ee□	□ee□
f□e□	d□e□	k□e□	□e□t	w□e□
□ □ □	□ □ □	□ □ □	□ □ □	□ □ □
□ □ □	□ □ □	□ □ □	□ □ □	□ □ □
□e□l	de□□	□ee□	me□□	□e□k
□ □ □	□ □ □	□ □ □	□ □ □	□ □ □

유지하다	주/일주일	느끼다	깊은	만나다

Practice

A 다음 주어진 그림과 우리말에 알맞은 단어를 고르고 영어로 써 보세요.

1 먹이를 주다 feed☐ feel☐

6 느끼다 feel☐ tree☐

2 유지하다 need☐ keep☐

7 자유로운 free☐ bee☐

3 깊은 week☐ deep☐

8 만나다 meet☐ keep☐

4 나무 tree☐ free☐

9 주/일주일 meet☐ week☐

5 벌 bee☐ deep☐

10 필요하다 feed☐ need☐

B 다음 우리말에 알맞은 단어를 골라 써 보세요.

1 I _____ cozy in my house.
(tree, feel, meet)

나는 나의 집에서 편안함을 느낀다.

2 Don't swim in the _____ water.
(deep, week, keep)

깊은 물에서는 수영하지 마시오.

3 Can you _____ these birds?
(feed, feel, need)

너는 이 새들에게 먹이를 줄 수 있니?

4 This muffler _____s you warm.
(bee, week, keep)

이 목도리가 너를 따뜻하게 유지한다.

5 The sheep is _____ after the escape.
(free, tree, feed)

그 양은 탈출 후에 자유롭다.

C 다음 중 알맞은 것을 보기에서 골라 써 보세요.

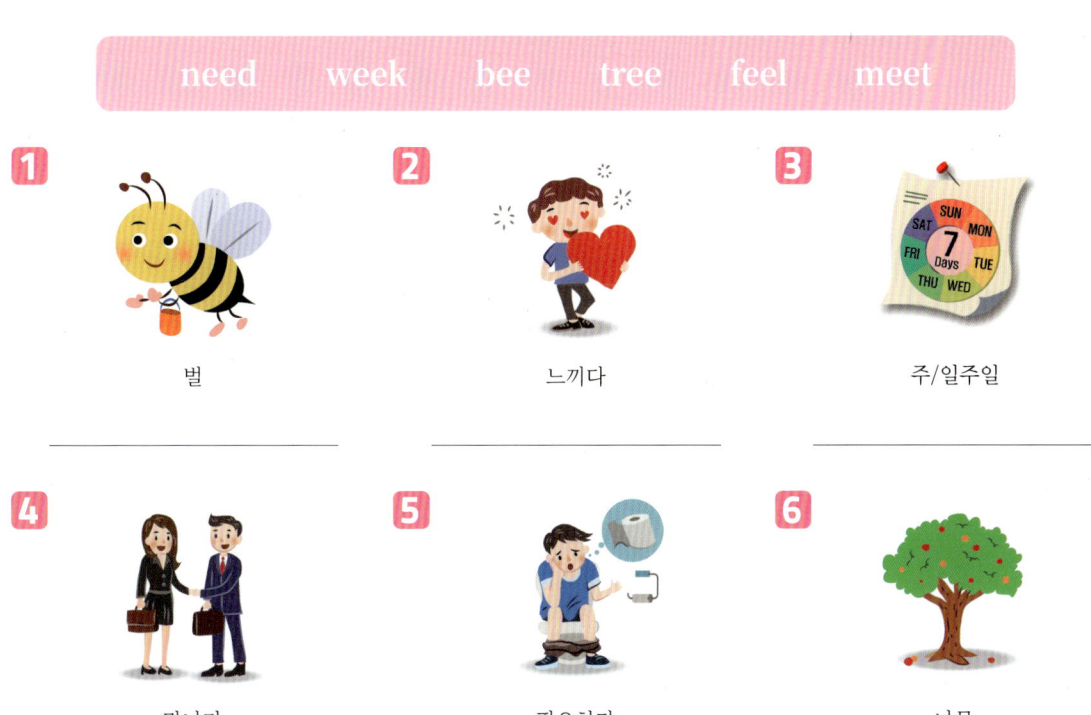

| need | week | bee | tree | feel | meet |

1 벌 _____

2 느끼다 _____

3 주/일주일 _____

4 만나다 _____

5 필요하다 _____

6 나무 _____

D 다음 우리말을 영어로 옮긴 것이다. 틀린 철자를 /표 하고 올바르게 고쳐 써 보세요.

1 깊은 leep → _____ **6** 유지하다 keip → _____

2 먹이를 주다 fued → _____ **7** 느끼다 fell → _____

3 나무 trea → _____ **8** 자유로운 pree → _____

4 필요하다 nead → _____ **9** 벌 bea → _____

5 주/일주일 veek → _____ **10** 만나다 meek → _____

1 다음 우리말에 알맞게 빈칸을 채워 보세요.

1 tube -
튜브/관   거대한   곡조/조율하다   고소하다   예의 없는

2 cube -
정육면체   귀여운   6월   규칙   말이 없는

3 rain -
비(가 오다)   지불하다   항해하다   기다리다   우편물을 보내다

4 pain -
통증   하루/일   실패하다   길/방법   말하다

5 meat -
고기   잎   식사   떠나다   먹다

6 lead -
이끌다   읽다   바다   동쪽   차

7 heavy -
무거운   스웨터   깨다   머리   건강

8 heaven -
천국   죽은   빵   땀(을 흘리다)   스테이크

9 bee -
벌   주/일주일   나무   필요하다   깊은

10 feed -
먹이를 주다   만나다   느끼다   자유로운   유지하다

2 다음 문장의 빈칸에 알맞은 단어를 골라 보세요.

1 His birthday is in _____.
그의 생일은 6월이다.
① June ② Lone ③ Lane

2 A dice is a _____.
주사위는 정육면체이다.
① cave ② cube ③ tube

3 I _____ only vegetables.
나는 단지 야채들만을 먹는다.
① tea ② sea ③ eat

4 People plant _____s on 5th April.
사람들은 4월 5일에 나무를 심는다.
① week ② tree ③ leaf

5 It will _____ this Friday.
이번 주 금요일에 비가 올 것이다.
① pie ② pain ③ rain

6 _____s collect honey from flowers.
벌들은 꽃들로 부터 꿀을 모은다.
① Bee ② Free ③ Meet

7 A _____ has seven days.
일주일은 7일이다.
① keep ② feel ③ week

8 He _____s the soccer team.
그가 그 축구팀을 이끈다.
① lead ② head ③ dead

9 She is wet with _____.
그녀는 땀으로 젖어 있다.
① steak ② goose ③ sweat

10 You _____ some rest.
너희들은 휴식이 필요하다.
① need ② feed ③ feel

Unit 21   ie

두 개의 모음 ie는 장모음 [ai] 또는 [iː] 소리가 나요.

die	lie	pie	tie	niece
죽다	눕다/거짓말하다	파이	묶다	여자조카
d□□ □ie di□	l□□ li□ l□e	p□□ □ie p□e	t□□ ti□ □ie	n□□ce □i□ce n□e□e
□□ □□	□□ □□	□□ □□	□□ □□	□□ □□ □□
□□ □□	□□ □□	□□ □□	□□ □□	□□ □□ □□
□i□	□□e	□i□	□□e	ni□□□
□□ □□	□□ □□	□□ □□	□□ □□	□□ □□ □□

Listen & Write ! 위의 단어들을 가려주세요.

여자조카	묶다	눕다/거짓말하다	죽다	파이

ie의 소리: [ai], [i:]

* 큰소리로 다섯 번 따라 읽어 보세요. ○ ○ ○ ○ ○

piece	field	brief	chief	thief

조각	들판	간단한	최고위자	도둑
p□□ce □i□ce p□□□e	f□□ld f□el□ f□□l□	br□□f b□i□f □r□e□	ch□□f ch□e□ □□□ef	th□□f □□ief □□ie□
□ □ □ □	□ □ □ □	□ □ □ □	□ □ □ □	□ □ □ □
□ □ □ □	□ □ □ □	□ □ □ □	□ □ □ □	□ □ □ □
□□□ce	□i□l□	b□□e□	□□ie□	t□□□f
□ □ □ □	□ □ □ □	□ □ □ □	□ □ □ □	□ □ □ □

들판	도둑	최고위자	간단한	조각

Practice

A 다음 주어진 그림과 우리말에 알맞은 단어를 고르고 영어로 써 보세요.

1 간단한 brief□ niece□

2 파이 pie□ tie□

3 조각 pie□ piece□

4 최고위자 chief□ thief□

5 들판 lie□ field□

6 죽다 field□ die□

7 도둑 brief□ thief□

8 눕다/거짓말하다 lie□ chief□

9 여자조카 niece□ piece□

10 묶다 die□ tie□

B 다음 우리말에 알맞은 단어를 골라 써 보세요.

1 I lost two _____s of puzzle.
(chief, piece, tie)
나는 퍼즐의 조각 2개를 잃어버렸다.

2 My aunt's pumpkin _____ is the best.
(pie, lie, die)
나의 고모의 호박파이는 최고다.

3 The _____ stole her diamond.
(niece, thief, chief)
그 도둑은 그녀의 다이아몬드를 훔쳤다.

4 All plants in the garden _____d.
(die, lie. piece)
정원의 모든 식물은 죽었다.

5 His _____ explanation helped a lot.
(field, thief, brief)
그의 간단한 설명이 많이 도움이 되었다.

다음 중 알맞은 것을 보기에서 골라 써 보세요.

niece   lie   chief   piece   tie   field

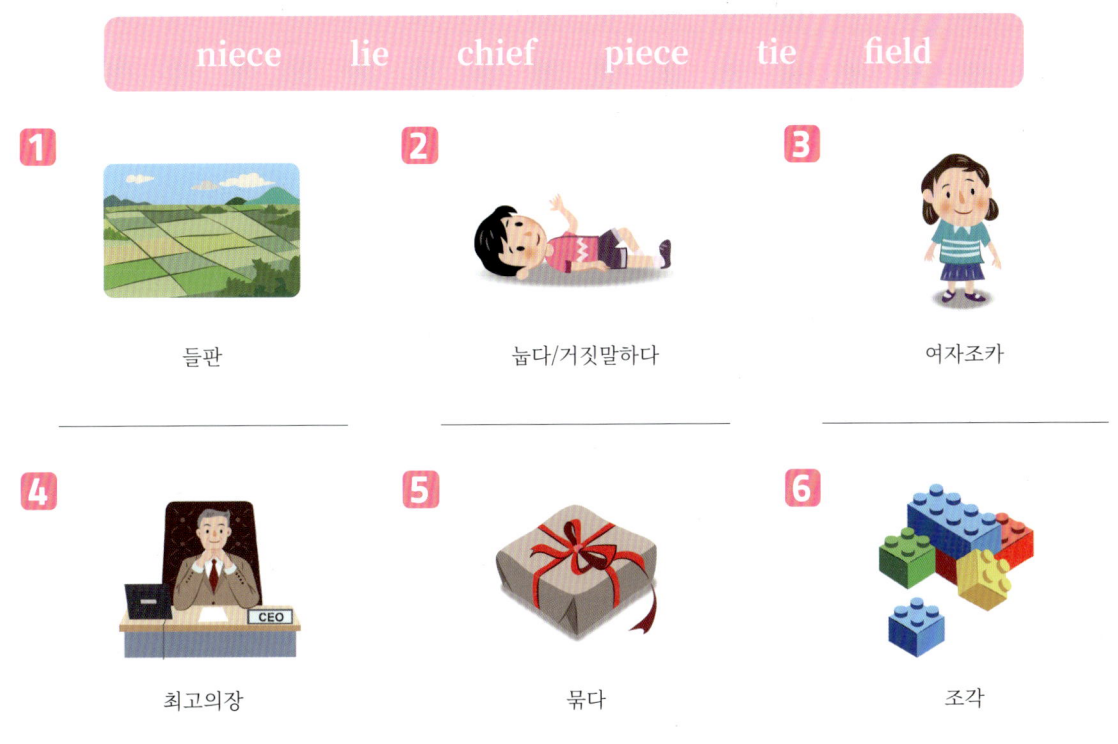

1

들판

2

눕다/거짓말하다

3

여자조카

4

최고의장

5

묶다

6

조각

D 다음 우리말을 영어로 옮긴 것이다. 틀린 철자를 /표 하고 올바르게 고쳐 써 보세요.

1 파이 pia →

2 죽다 dae →

3 조각 peece →

4 여자조카 naece →

5 눕다/거짓말하다 lia →

6 도둑 thiep →

7 간단한 briaf →

8 최고위자 crief →

9 묶다 gie →

10 들판 fiend →

두 개의 모음 oa와 ow는 장모음 [ou] 소리가 나요.

boat	coat	goat	goal	soap
보트	외투	염소	목표	비누
b□□t	c□□t	g□□t	g□□l	s□□p
□□at	□o□t	go□□	□□al	s□a□
bo□□	□□at	□oa□	go□□	□□ap
□□□	□□□	□□□	□□□	□□□
□□□	□□□	□□□	□□□	□□□
b□a□	c□a□	□o□t	□o□l	□o□p
□□□	□□□	□□□	□□□	□□□

Listen & Write!   위의 단어들을 가려주세요.

염소	목표	비누	보트	외투

oa, ow의 소리: [ou]

* 큰소리로 다섯 번 따라 읽어 보세요. ○○○○○

road	bowl	low	grow	snow

길	사발	낮은	자라다	눈(이 오다)
r□□d □oa□ ro□□	b□□l □o□l bo□□	l□□ l□w lo□	gr□□ □ro□ □r□w	sn□□ □n□w s□o□
□□ □□ □□ □□ □o□d	□□ □□ □□ □□ b□w□	□□ □□ □□ □□ l□□	□□ □□ □□ □□ g□□w	□□ □□ □□ □□ s□□w
□□ □□	□□ □□ □□	□□ □□	□□ □□	□□ □□

자라다	낮은	눈(이 오다)	길	사발

Practice

A 다음 주어진 그림과 우리말에 알맞은 단어를 고르고 영어로 써 보세요.

1  염소 goat☐ coat☐

2 목표 goal☐ snow☐

3 자라다 goal☐ grow☐

4 외투 coat☐ boat☐

5 길 low☐ road☐

6 보트 boat☐ grow☐

7 사발 soap☐ bowl☐

8 낮은 road☐ low☐

9 눈(이 오다) snow☐ bowl☐

10 비누 goat☐ soap☐

B 다음 우리말에 알맞은 단어를 골라 써 보세요.

1 I wish it _____s on Christmas.
(snow, grow, goal)
나는 크리스마스에 눈이 오길 바란다.

2 They play with _____ bubbles.
(road, soap, boat)
그들은 비누 방울을 가지고 논다.

3 She takes off her _____ by the door.
(bowl, goat, coat)
그녀는 문 옆에서 코트를 벗는다.

4 We have only _____ chairs in our store.
(low, snow, grow)
우리는 가게에 낮은 의자만 가지고 있다.

5 He lives in the house across the _____.
(goal, bowl, road)
그는 길 건너편 집에 산다.

C 다음 중 알맞은 것을 보기에서 골라 써 보세요.

snow   goat   grow   bowl   goal   boat

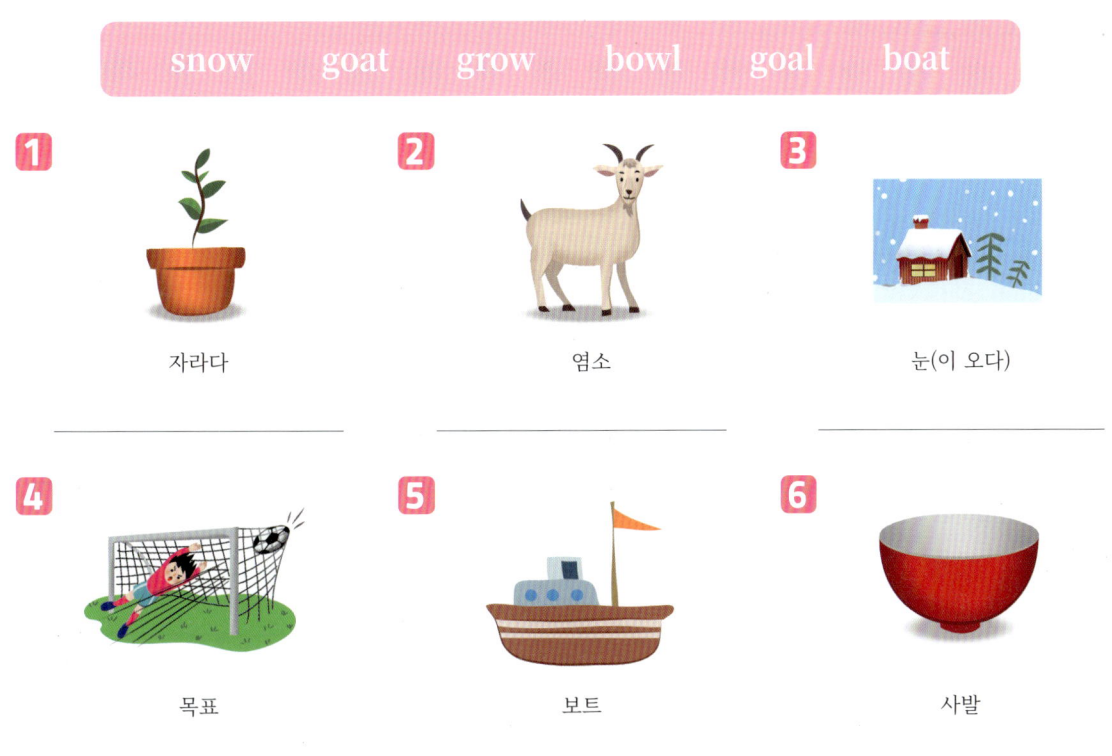

1 자라다

2 염소

3 눈(이 오다)

4 목표

5 보트

6 사발

D 다음 우리말을 영어로 옮긴 것이다. 틀린 철자를 /표 하고 올바르게 고쳐 써 보세요.

1 비누   soop → _____

2 눈(이 오다)   snov → _____

3 사발   powl → _____

4 염소   goet → _____

5 자라다   gnow → _____

6 외투   koat → _____

7 길   roed → _____

8 낮은   row → _____

9 목표   goul → _____

10 보트   poat → _____

두 개의 모음 ow는 [au] 소리가 나고 ew는 [u:]나 [ju:] 소리가 나요.

bow	cow	how	now	down
절하다	암소	어떻게	지금	아래로
b□□	c□□	h□□	n□□	d□□n
□o□	c□□	□o□	□o□	□o□n
b□w	□ow	□ow	no□	□ow□
□□□	□□□	□□□	□□□	□□□
□□□	□□□	□□□	□□□	□□□
□□w	□o□	□□w	□□w	d□w□
□□□	□□□	□□□	□□□	□□□

Listen & Write ! 위의 단어들을 가려주세요.

어떻게	아래로	절하다	암소	지금

* 큰소리로 다섯 번 따라 읽어 보세요. ○ ○ ○ ○ ○

brown	chew	new	view	review
갈색	씹다	새로운	경치/관점	복습(하다)
br□□n b□o□n □□ow□	ch□□ □he□ □h□w	n□□ □ew n□w	vi□□ vi□w □i□w	revi□□ □□□iew r□□□ew
□ □ □ □	□ □ □	□ □ □	□ □ □	□ □ □ □
□ □ □ □	□ □ □	□ □ □	□ □ □	□ □ □ □
br□□□	c□e□	□e□	v□□w	□evi□□
□ □ □ □	□ □ □	□ □ □	□ □ □	□ □ □ □

새로운	갈색	경치/관점	복습(하다)	씹다

Practice

A 다음 주어진 그림과 우리말에 알맞은 단어를 고르고 영어로 써 보세요.

1. 어떻게 down☐ how☐

2. 경치/관점 view☐ new☐

3. 암소 chew☐ cow☐

4. 절하다 bow☐ brown☐

5. 새로운 new☐ cow☐

6. 씹다 review☐ chew☐

7. 아래로 bow☐ down☐

8. 지금 now☐ how☐

9. 복습(하다) view☐ review☐

10. 갈색 now☐ brown☐

B 다음 우리말에 알맞은 단어를 골라 써 보세요.

1. Go _____ the ladder carefully.
(now, down, brown)

조심히 사다리를 타고 아래로 가라.

2. His house has a nice _____.
(view, review, new)

그의 집은 좋은 경치를 가지고 있다.

3. _____ do you solve this problem?
(Bow, Cow, How)

이 문제를 어떻게 해결하나요?

4. There are three _____s in her farm.
(how, cow, down)

그녀의 농장에는 3마리의 암소가 있다.

5. What are you _____ing?
(chew, view, new)

넌 무엇을 씹는 중이니?

C 다음 중 알맞은 것을 보기에서 골라 써 보세요.

brown   how   bow   new   review   now

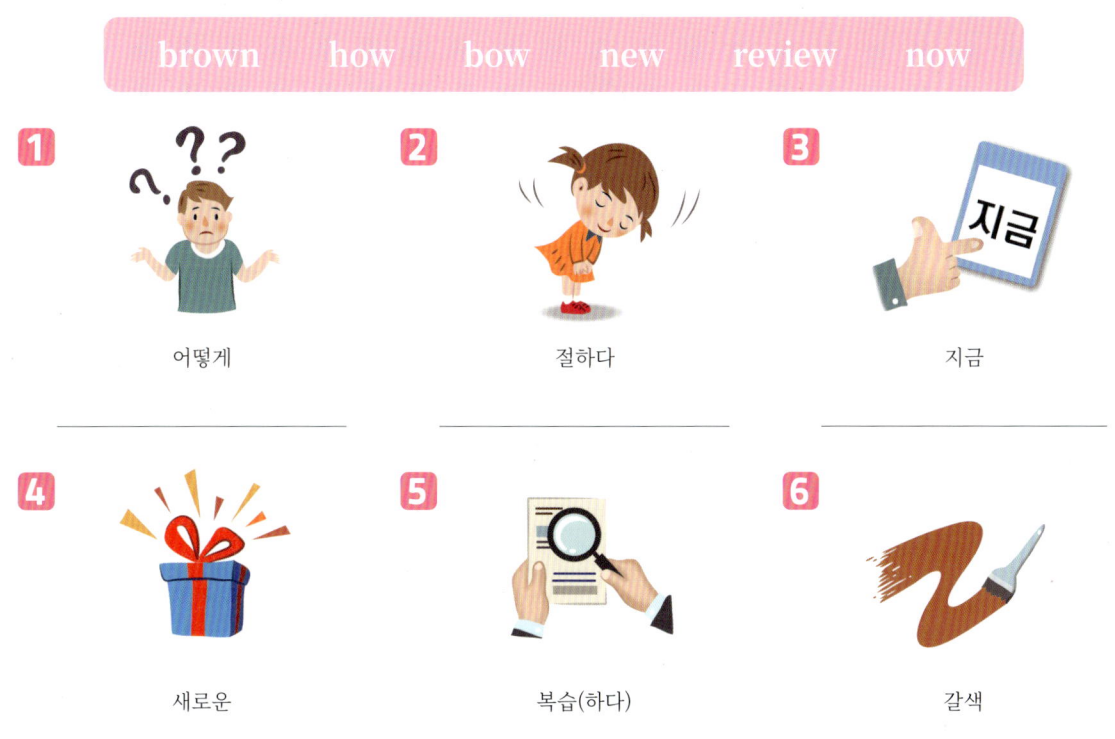

1 어떻게

2 절하다

3 지금

4 새로운

5 복습(하다)

6 갈색

D 다음 우리말을 영어로 옮긴 것이다. 틀린 철자를 /표 하고 올바르게 고쳐 써 보세요.

1 아래로   bown   →

2 경치/관점   viaw   →

3 갈색   drown   →

4 절하다   boz   →

5 암소   caw   →

6 어떻게   mow   →

7 씹다   chev   →

8 새로운   now   →

9 복습(하다)   riview   →

10 지금   low   →

Unit 24 short oo

두 개의 모음 oo는 짧은 [ʊ] 소리가 나요.
단, 본 unit에서는 긴 [uː] 소리가 나는 goose도 마지막에 함께 있어요.

good	hood	wood	book	hook
좋은	(외투에 달린) 모자	나무/목재	책	갈고리
g□□d	h□□d	w□□d	b□□k	h□□k
go□□	□oo□	□□od	□oo□	□□ok
□o□d	h□o□	□o□d	b□o□	□oo□
□□□□	□□□□	□□□□	□□□□	□□□□
□□□□	□□□□	□□□□	□□□□	□□□□
g□o□	□□od	w□o□	□□ok	h□o□
□□□□	□□□□	□□□□	□□□□	□□□□

Listen & Write! 위의 단어들을 가려주세요.

(외투에 달린) 모자	갈고리	책	좋은	나무/목재

짧은 oo의 소리: [ʊ]

* 큰소리로 다섯 번 따라 읽어 보세요. ○○○○○

look	cook	cookie	foot	˙goose
보다	요리하다/요리사	과자	발	거위
l□□k	c□□k	c□□kie	f□□t	g□□se
□□ok	co□□	□oo□□e	f□o□	go□□□
lo□□	□o□k	co□k□□	□□ot	g□□□e
□o□k	c□o□	□o□□i□	fo□□	□o□s□

거위	발	보다	과자	요리하다/요리사

Practice

A 다음 주어진 그림과 우리말에 알맞은 단어를 고르고 영어로 써 보세요.

1 요리하다/요리사 wood☐ cook☐

2 책 book☐ foot☐

3 발 look☐ foot☐

4 (외투에 달린) 모자 good☐ hood☐

5 거위 goose☐ cookie☐

6 좋은 good☐ goose☐

7 과자 hook☐ cookie☐

8 보다 look☐ hood☐

9 나무/목재 wood☐ cook☐

10 갈고리 book☐ hook☐

B 다음 우리말에 알맞은 단어를 골라 써 보세요.

1 He became a great _____.
(foot, cook, cookie)
그는 훌륭한 요리사가 되었다.

2 A baby _____s at the ceiling.
(look, hook, hood)
아기가 천장을 본다.

3 You will get the answer from this _____.
(goose, good, book)
너는 이 책으로부터 답을 얻을 것이다.

4 We made a house with _____s.
(cookie, wood, cook)
우리는 과자로 집을 만들었다.

5 Vegetables are _____ for health.
(good, hood, goose)
야채는 건강에 좋은 것이다.

다음 중 알맞은 것을 보기에서 골라 써 보세요.

| hook | foot | wood | look | goose | hood |

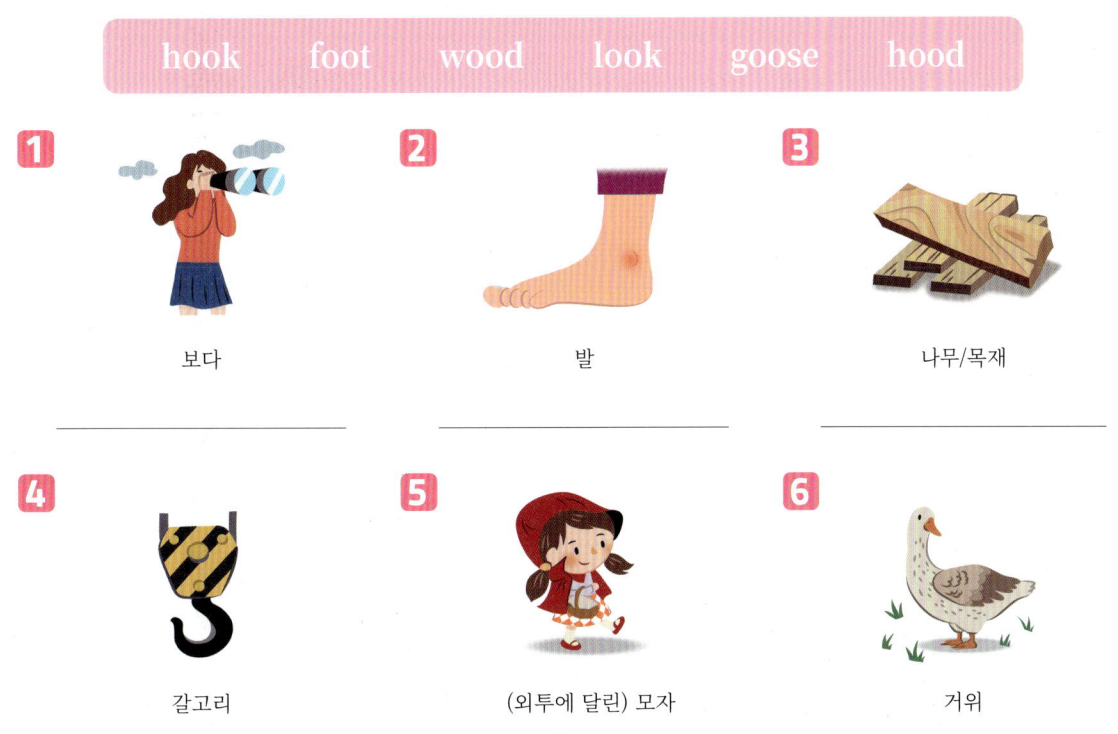

1
보다

_____

2
발

_____

3
나무/목재

_____

4
갈고리

_____

5
(외투에 달린) 모자

_____

6
거위

_____

D 다음 우리말을 영어로 옮긴 것이다. 틀린 철자를 /표 하고 올바르게 고쳐 써 보세요.

1 책 boak → ___

2 요리하다/요리사 coot → ___

3 나무/목재 wuod → ___

4 거위 gooze → ___

5 발 loot → ___

6 보다 took → ___

7 좋은 kood → ___

8 과자 cookee → ___

9 갈고리 howk → ___

10 (외투에 달린) 모자 kood → ___

두 개의 모음 oo가 [uː] 소리가 나요.

cool	fool	pool	food	boots
시원한	바보	수영장/웅덩이	음식	부츠
c□□l	f□□l	p□□l	f□□d	b□□ts
□□ol	□oo□	□o□l	□□od	□o□t□
□o□l	f□o□	po□□	□o□d	□oo□□
□□□□	□□□□	□□□□	□□□□	□□□□
□□□□	□□□□	□□□□	□□□□	□□□□
c□o□	□o□l	p□o□	fo□□	b□o□□
□□□□	□□□□	□□□□	□□□□	□□□□

Listen & Write ! 위의 단어들을 가려주세요.

수영장/웅덩이	음식	부츠	시원한	바보

긴 oo의 소리: [uː]

* 큰소리로 다섯 번 따라 읽어 보세요. ○ ○ ○ ○ ○

moon	noon	room	roof	zoo
달	낮 12시/정오	방	지붕	동물원
m□□n m□o□ □oo□	n□□n □o□n n□o□	r□□m r□o□ □□om	r□□f □□of □oo□	z□□ z□o □oo
□ □ □	□ □ □	□ □ □	□ □ □	□ □
□ □ □	□ □ □	□ □ □	□ □ □	□ □
□o□n	□□on	□o□m	ro□□	□□o
□ □ □	□ □ □	□ □ □	□ □ □	□ □

낮 12시/정오	방	동물원	달	지붕

Practice

A 다음 주어진 그림과 우리말에 알맞은 단어를 고르고 영어로 써 보세요.

1 부츠 food☐ boots☐

6 시원한 cool☐ pool☐

2 수영장/웅덩이 roof☐ pool☐

7 낮 12시/정오 moon☐ noon☐

3 지붕 roof☐ room☐

8 음식 food☐ fool☐

4 동물원 food☐ zoo☐

9 방 room☐ boots☐

5 바보 fool☐ cool☐

10 달 zoo☐ moon☐

B 다음 우리말에 알맞은 단어를 골라 써 보세요.

1 I finally found my red _____.
(room, zoo, boots)
나는 마침내 나의 빨간 부츠를 찾았다.

2 Sparrows are singing on the _____.
(roof, room, moon)
참새들이 지붕 위에서 지저귄다.

3 I need _____ drink now.
(fool, cool, pool)
나는 지금 시원한 음료수가 필요하다.

4 We have lunch at _____.
(moon, food, noon)
우리는 정오에 점심을 먹는다.

5 There is a big _____ next to the fence.
(pool, fool, food)
울타리 옆에 큰 웅덩이 하나가 있다.

C 다음 중 알맞은 것을 보기에서 골라 써 보세요.

| food | cool | zoo | room | fool | moon |

1 시원한

2 음식

3 달

4 동물원

5 방

6 바보

D 다음 우리말을 영어로 옮긴 것이다. 틀린 철자를 /표 하고 올바르게 고쳐 써 보세요.

1 낮 12시/정오   noom → ____

6 시원한   kool → ____

2 부츠   boats → ____

7 지붕   roop → ____

3 방   roam → ____

8 수영장/웅덩이   poor → ____

4 달   moom → ____

9 음식   foud → ____

5 바보   pool → ____

10 동물원   xoo → ____

1 다음 우리말에 알맞게 빈칸을 채워 보세요.

1 chief
최고위자

| | 묶다 | 죽다 | 조각 | 간단한 |

2 thief -
도둑

| | 들판 | 여자조카 | 파이 | 눕다/거짓말하다 |

3 soap -
비누

| | 낮은 | 목표 | 자라다 | 길 |

4 goat -
염소

| | 코트 | (작은) 배 | 사발 | 눈(이 오다) |

5 chew -
씹다

| | 경치 | 검토(하다) | 새로운 | 아래로 |

6 bow -
절하다

| | 어떻게 | 지금 | 갈색 | 암소 |

7 goose -
거위

| | 요리하다/요리사 | 좋은 | 보다 | (외투에 달린) 모자 |

8 hook -
갈고리

| | 나무/목재 | 발 | 책 | 과자 |

9 noon -
낮 12시/정오

| | 시원한 | 음식 | 방 | 수영장/웅덩이 |

10 moon -
달

| | 동물원 | 바보 | 부츠 | 지붕 |

2 다음 문장의 빈칸에 알맞은 단어를 골라 보세요.

1 My _____ is an actor.
나의 여자조카는 배우이다.

① piece ② niece ③ review

2 This _____ skirt fits you.
이 갈색치마가 너에게 맞는다.

① brown ② down ③ noon

3 We need four big _____s.
우리는 4개의 큰 방이 필요하다.

① look ② room ③ wood

4 The _____ always follows me.
그 거위는 항상 나를 따라 다닌다.

① cookie ② goose ③ boots

5 Mary swims in the _____.
Mary는 수영장에서 수영한다.

① food ② fool ③ pool

6 Give me a _____ for salad.
샐러드 사발을 나에게 줘라.

① bowl ② goal ③ goat

7 Let's go to the island by _____.
보트를 타고 섬으로 가자.

① sail ② boat ③ sea

8 The full _____ is shinning in the sky.
보름달이 하늘에서 빛나고 있다.

① noon ② moon ③ food

9 There are five lions in the ____.
동물원에 다섯 마리의 사자가 있다.

① fool ② room ③ zoo

10 This coat has a _____.
이 코트는 모자가 달려 있다.

① hood ② hook ③ fool

Word Test

Quiz book

1

Word Test

· ·

Unit 01 주어진 우리말을 영어로 바꿔보세요.

1	지도		6	슬픈	
2	잼		7	모자	
3	고양이		8	나쁜	
4	화가 난/미친		9	살찐	
5	낮잠(자다)		10	햄	

Unit 02 주어진 우리말을 영어로 바꿔보세요.

1	밴		6	팬	
2	박쥐		7	가스	
3	쥐		8	중절모	
4	가방		9	선풍기	
5	사람/남자		10	깡통	

Unit 03 주어진 우리말을 영어로 바꿔보세요.

1	애원하다		6	그물	
2	애완동물		7	펜	
3	10		8	빨간색	
4	침대		9	놓다	
5	다리		10	암탉	

Word Test

....

Unit 04 주어진 우리말을 영어로 바꿔보세요.

1	서쪽		6	젖은	
2	말하다		7	시험	
3	최고의		8	쉬다	
4	수의사		9	팔다	
5	조끼		10	잘/좋게	

Unit 05 주어진 우리말을 영어로 바꿔보세요.

1	돼지		6	큰	
2	이기다		7	파다	
3	가발		8	핀	
4	~에 맞다		9	뚜껑	
5	아이		10	죄	

✔ 오답체크

Word Test

Unit 06 주어진 우리말을 영어로 바꿔보세요.

1	아픈	
2	고정(수리)하다	
3	언덕	
4	때리다	
5	죽이다	

6	채우다	
7	우유	
8	계산서/지폐	
9	섞다	
10	앉다	

Unit 07 주어진 우리말을 영어로 바꿔보세요.

1	뜨거운	
2	여우	
3	강도질하다	
4	뻥하고 터지다	
5	신/하나님	

6	경찰관	
7	일/직업	
8	꼭대기	
9	상자	
10	냄비/항아리	

Unit 08 주어진 우리말을 영어로 바꿔보세요.

1	재미	
2	깔개	
3	새싹	
4	머그잔	
5	벌레	

6	문지르다	
7	(작고 둥글납작한) 빵	
8	껴안다	
9	욕조	
10	진흙	

Word Test

Unit 09
주어진 우리말을 영어로 바꿔보세요.

1	견과	
2	달리다	
3	(~에) 두다	
4	오두막	
5	컵	

6	껌	
7	버스	
8	총	
9	자르다	
10	해	

Unit 10
주어진 우리말을 영어로 바꿔보세요.

1	이름	
2	호수	
3	몹시 싫어하다	
4	가지고 가다	
5	굽다	

6	(잠에서)깨다	
7	케이크	
8	날짜	
9	경기/게임	
10	만들다	

✔ 오답체크

Word Test

Unit 11 주어진 우리말을 영어로 바꿔보세요.

1	판매	
2	동굴	
3	창백한	
4	좁은 길	
5	파도	

6	얼굴	
7	지팡이	
8	늦은	
9	경주	
10	구하다	

Unit 12 주어진 우리말을 영어로 바꿔보세요.

1	좋아하다	
2	자전거	
3	쌀/밥	
4	위치	
5	얼음	

6	멋진	
7	하이킹(가다)	
8	연	
9	시간	
10	물다	

Unit 13 주어진 우리말을 영어로 바꿔보세요.

1	지혜로운	
2	살다	
3	타다	
4	주다	
5	감추다	

6	선	
7	넓은	
8	오르다	
9	좋은	
10	(물 속으로) 뛰어들다	

Word Test

Unit 14 주어진 우리말을 영어로 바꿔보세요.

1	뼈		6	혼자인	
2	밧줄		7	호스	
3	역할		8	희망	
4	코		9	원뿔	
5	구멍		10	장미	

Unit 15 주어진 우리말을 영어로 바꿔보세요.

1	찌르다		6	졸다	
2	투표하다		7	농담	
3	방식		8	암호/부호	
4	약간의		9	오다	
5	가정/집		10	메모	

✔ 오답체크

Word Test

Unit 16　주어진 우리말을 영어로 바꿔보세요.

1	곡조/조율하다		6	무례한	
2	6월		7	거대한	
3	고소하다		8	튜브/관	
4	정육면체		9	말이 없는	
5	규칙		10	귀여운	

Unit 17　주어진 우리말을 영어로 바꿔보세요.

1	말하다		6	우편물을 보내다	
2	항해하다		7	길/방법	
3	비(가 오다)		8	기다리다	
4	하루/일		9	실패하다	
5	통증		10	지불하다	

Unit 18　주어진 우리말을 영어로 바꿔보세요.

1	고기		6	읽다	
2	잎		7	바다	
3	이끌다		8	동쪽	
4	차		9	식사	
5	떠나다		10	먹다	

Word Test

Unit 19 주어진 우리말을 영어로 바꿔보세요.

1	빵		6	스웨터	
2	머리		7	깨다 / 부수다	
3	스테이크		8	건강	
4	죽은		9	땀(을 흘리다)	
5	천국		10	무거운	

Unit 20 주어진 우리말을 영어로 바꿔보세요.

1	필요하다		6	유지하다	
2	일주일		7	나무	
3	벌		8	깊은	
4	만나다		9	자유로운	
5	먹이를 주다		10	느끼다	

✔ 오답체크

Word Test

Unit 21 주어진 우리말을 영어로 바꿔보세요.

1	최고위자		6	묶다	
2	죽다		7	들판	
3	간단한		8	눕다/거짓말하다	
4	파이		9	조각	
5	도둑		10	여자조카	

Unit 22 주어진 우리말을 영어로 바꿔보세요.

1	길		6	비누	
2	목표		7	자라다	
3	외투		8	눈(이 오다)	
4	사발		9	염소	
5	보트		10	낮은	

Unit 23 주어진 우리말을 영어로 바꿔보세요.

1	아래로		6	절하다	
2	암소		7	지금	
3	경치/관점		8	복습(하다)	
4	새로운		9	씹다	
5	어떻게		10	갈색	

Word Test

● Unit 24　주어진 우리말을 영어로 바꿔보세요.

1	책	
2	좋은	
3	보다	
4	나무/목재	
5	요리하다/요리사	

6	과자	
7	(외투에 달린) 모자	
8	발	
9	거위	
10	갈고리	

● Unit 25　주어진 우리말을 영어로 바꿔보세요.

1	바보	
2	지붕	
3	음식	
4	방	
5	달	

6	부츠	
7	동물원	
8	시원한	
9	낮 12시/정오	
10	수영장/웅덩이	

✔ 오답체크

Answer

Answer

◯ Unit 01 ———————— p.10

ham, mad, jam, bad, sad, fat, cat, map, nap, cap

Practice ················· p.12

A. 1. cap 2. sad 3. map 4. fat 5. jam
   6. cat 7. ham 8. bad 9. nap 10. mad
B. 1. sad 2. cat 3. cap 4. ham 5. map
C. 1. nap 2. map 3. jam 4. fat 5. mad 6. bad
D. 1. jam 2. sad 3. cap 4. ham 5. cat
   6. nap 7. map 8. mad 9. bad 10. fat

◯ Unit 02 ———————— p.14

bag, rat, gas, bat, hat, fan, pan, van, can, man

Practice ················· p.16

A. 1. bag 2. rat 3. man 4. gas 5. hat
   6. fan 7. van 8. can 9. bat 10. pan
B. 1. van 2. bag 3. fan 4. man 5. rat
C. 1. fan 2. pan 3. can 4. bag 5. gas 6. hat
D. 1. rat 2. man 3. van 4. pan 5. bat
   6. fan 7. hat 8. can 9. bag 10. gas

◯ Unit 03 ———————— p.18

hen, leg, red, beg, bed, ten, set, pen, net, pet

Practice ················· p.20

A. 1. leg 2. red 3. hen 4. ten 5. bed
   6. pen 7. pet 8. beg 9. net 10. set
B. 1. leg 2. pet 3. red 4. pen 5. beg
C. 1. hen 2. net 3. set 4. ten 5. red 6. bed
D. 1. leg 2. set 3. bed 4. net 5. red
   6. beg 7. pen 8. pet 9. ten 10. hen

◯ Unit 04 ———————— p.22

test, rest, wet, vet, best, tell, west, vest, well, sell

Practice ················· p.24

A. 1. tell 2. vet 3. vest 4. wet 5. west
   6. rest 7. best 8. sell 9. well 10. test
B. 1. best 2. tell 3. vest 4. rest 5. vet
C. 1. best 2. sell 3. well 4. test 5. wet 6. west
D. 1. tell 2. vet 3. sell 4. test 5. west
   6. vest 7. best 8. rest 9. wet 10. well

◯ Unit 05 ———————— p.26

big, dig, pig, kid, lid, sin, wig, win, pin, fit

Practice ················· p.28

A. 1. big 2. lid 3. pig 4. wig 5. sin
   6. fit 7. pin 8. kid 9. win 10. dig
B. 1. fit 2. pig 3. lid 4. pin 5. big
C. 1. kid 2. wig 3. win 4. dig 5. fit 6. sin
D. 1. big 2. lid 3. pig 4. win 5. fit
   6. pin 7. wig 8. kid 9. dig 10. sin

Review Test 01-05

Review Test 1 ················· p.30

1. fat, mad, jam ,cap **2.** hat, rat, pan, gas
3. net, beg, set, leg **4.** test, best, vet, vest
5. sin, dig, win, pig **6.** hen, wet, well, rest
7. fan, ham, sad, man **8.** bag, van, bat, map
9. bed, leg, pen, pet **10.** big, fit, kid, wig

Review Test 2 ················· p.31

1. ③ **2.** ① **3.** ② **4.** ③ **5.** ① **6.** ② **7.** ① **8.** ① **9.** ② **10.** ①

Answer

Unit 11 —————————— p.54

cave, lane, late, save, cane, race, face, pale, sale, wave

Practice ·· p.56

A. 1. cane 2. late 3. sale 4. cave 5. wave
   6. pale 7. race 8. save 9. face 10. lane
B. 1. pale 2. race 3. save 4. late 5. cane
C. 1. pale 2. face 3. lane 4. cave 5. sale 6. wave
D. 1. save 2. race 3. wave 4. lane 5. face
   6. pale 7. late 8. cane 9. cave 10. sale

Unit 12 —————————— p.58

nice, bike, hike, ice, rice, site, bite, like, time, kite

Practice ·· p.60

A. 1. kite 2. time 3. rice 4. site 5. like
   6. bike 7. nice 8. bite 9. ice 10. hike
B. 1. bite 2. bike 3. Time 4. nice 5. kite
C. 1. like 2. rice 3. site 4. ice 5. bite 6. hike
D. 1. kite 2. time 3. bite 4. rice 5. hike
   6. nice 7. bike 8. like 9. site 10. ice

Unit 13 —————————— p.62

ride, dive, wide, fine, hide, live, line, rise, wise, give

Practice ·· p.64

A. 1. hide 2. wise 3. live 4. fine 5. line
   6. wide 7. dive 8. give 9. rise 10. ride
B. 1. wise 2. wide 3. live 4. hide 5. dive
C. 1. wise 2. rise 3. fine 4. line 5. give 6. ride
D. 1. wide 2. live 3. give 4. fine 5. ride
   6. hide 7. wise 8. dive 9. line 10. rise

Unit 14 —————————— p.66

hole, bone, role, lone, cone, nose, rose, hope, hose, rope

Practice ·· p.68

A. 1. nose 2. rose 3. rope 4. role 5. lone
   6. hole 7. bone 8. cone 9. hose 10. hope
B. 1. hole 2. nose 3. bone 4. rope 5. rose
C. 1. hope 2. hose 3. role 4. hole 5. lone 6. cone
D. 1. nose 2. bone 3. role 4. lone 5. cone
   6. rose 7. rope 8. hole 9. hose 10. hope

Unit 15 —————————— p.70

mode, note, poke, code, joke, home, doze, vote, some, come

Practice ·· p.72

A. 1. come 2. vote 3. joke 4. poke 5. home
   6. some 7. code 8. mode 9. note 10. doze
B. 1. joke 2. code 3. some 4. come 5. vote
C. 1. doze 2. home 3. note 4. poke 5. mode 6. code
D. 1. come 2. joke 3. code 4. home 5. note
   6. vote 7. some 8. doze 9. poke 10. mode

Review Test 11–15

Review Test 1 ································· p.74

1. race, cane, save, lane 2. late, face, pale, sale
3. line, dive, wise, rice 4. bike, kite, nice, give
5. ride, hide, rise, live 6. site, hike, ice, time
7. rope, hose, hole, some 8. hope, come, mode, joke 9. role, nose, rose, note 10. doze, code, vote, poke

Review Test 2 ································· p.75

1. ① 2. ② 3. ③ 4. ① 5. ③ 6. ③ 7. ① 8. ② 9. ② 10. ②

Unit 16 ——————— p.76

huge, tune, mute, cube, cute, rule, June, rude, sue, tube

Practice ·················· p.78

A. 1. June 2. huge 3. tune 4. rude 5. mute
6. tube 7. cube 8. rule 9. sue 10. cute
B. 1. rude 2. sue 3. cute 4. mute 5. rule
C. 1. sue 2. huge 3. June 4. cube 5. tune 6. tube
D. 1. rule 2. rude 3. tub e 4. huge 5. June
6. cute 7. mute 8. sue 9. cube 10. tune

Unit 17 ——————— p.80

rain, pain, fail, sail, mail, say, way, day, wait, pay

Practice ·················· p.82

A. 1. day 2. say 3. pain 4. wait 5. mail
6. way 7. fail 8. sail 9. rain 10. pay
B. 1. way 2. day 3. Say 4. fail 5. pain
C. 1. wait 2. mail 3. way 4. rain 5. sail 6. pay
D. 1. day 2. fail 3. say 4. mail 5. pay
6. way 7. pain 8. rain 9. wait 10. sail

Unit 18 ——————— p.84

tea, meat, meal, sea, eat, leaf, east, lead, leave, read

Practice ·················· p.86

A. 1. read 2. meat 3. eat 4. sea 5. leaf
6. tea 7. meal 8. east 9. leave 10. lead
B. 1. east 2. tea 3. read 4. meat 5. meal
C. 1. meal 2. sea 3. leave 4. lead 5. leaf 6. eat
D. 1. read 2. tea 3. meat 4. leaf 5. eat
6. east 7. meal 8. lead 9. sea 10. leave

Unit 19 ——————— p.88

heavy, bread, health, dead, head, sweat, heaven, steak, sweater, break

Practice ·················· p.90

A. 1. bread 2. heaven 3. sweater 4. steak 5. health
6. break 7. heavy 8. dead 9. sweat 10. head
B. 1. break 2. heavy 3. sweater 4. heaven 5. bread
C. 1. health 2. head 3. dead 4. steak 5. sweat
6. break
D. 1. heavy 2. bread 3. break 4. sweat 5. head
6. heaven 7. sweater 8. health 9. dead 10. steak

Unit 20 ——————— p.92

need, feed, bee, tree, free, keep, week, feel, deep, meet

Practice ·················· p.94

A. 1. feed 2. keep 3. deep 4. tree 5. bee
6. feel 7. free 8. meet 9. week 10. need
B. 1. feel 2. deep 3. feed 4. keep 5. free
C. 1. bee 2. feel 3. week 4. meet 5. need 6. tree
D. 1. deep 2. feed 3. tree 4. need 5. week
6. keep 7. feel 8. free 9. bee 10. meet

Review Test 16–20

Review Test 1 ·················· p.96

1. huge, tune, sue, rude **2.** cute, June, rule, mute
3. pay, sail, wait, mail **4.** day, fail, way, say
5. leaf, meal, leave, eat **6.** read, sea, east, tea
7. sweater, break, head, health **8.** dead, bread, sweat, steak **9.** week, tree, need, deep
10. meet, feel, free, keep

Review Test 2 ·················· p.97

1. ① **2.** ② **3.** ③ **4.** ② **5.** ③ **6.** ① **7.** ③ **8.** ① **9.** ③ **10.** ①

Answer

Unit 21 ——————— p.98

niece, tie, lie, die, pie, field, thief, chief, brief, piece

Practice ···················· p.100

A. 1. brief 2. pie 3. piece 4. chief 5. field
　 6. die 7. thief 8. lie 9. niece 10. tie
B. 1. piece 2. pie 3. thief 4. die 5. brief
C. 1. field 2. lie 3. niece 4. chief 5. tie 6. piece
D. 1. pie 2. die 3. piece 4. niece 5. lie
　 6. thief 7. brief 8. chief 9. tie 10. field

Unit 22 ——————— p.102

goat, goal, soap, boat, coat, grow, low, snow, road, bowl

Practice ···················· p.104

A. 1. goat 2. goal 3. grow 4. coat 5. road
　 6. boat 7. bowl 8. low 9. snow 10. soap
B. 1. snow 2. soap 3. coat 4. low 5. road
C. 1. grow 2. goat 3. snow 4. goal 5. boat 6. bowl
D. 1. soap 2. snow 3. bowl 4. goat 5. grow
　 6. coat 7. road 8. low 9. goal 10. boat

Unit 23 ——————— p.106

how, down, bow, cow, now, new, brown, view, review, chew

Practice ···················· p.108

A. 1. how 2. view 3. cow 4. bow 5. new
　 6. chew 7. down 8. now 9. review 10. brown
B. 1. down 2. view 3. How 4. cow 5. chew
C. 1. how 2. bow 3. now 4. new 5. review 6. brown
D. 1. down 2. view 3. cow 4. brown 5. bow
　 6. how 7. chew 8. new 9. review 10. now

Unit 24 ——————— p.110

hood, hook, book, good, wood, goose, foot, look, cookie, cook

Practice ···················· p.112

A. 1. cook 2. book 3. foot 4. hood 5. goose
　 6. good 7. cookie 8. look 9. wood 10. hook
B. 1. cook 2. look 3. book 4. cookie 5. good
C. 1. look 2. foot 3. wood 4. hook 5. hood 6. goose
D. 1. book 2. cook 3. wood 4. goose 5. foot
　 6. look 7. good 8. cookie 9. hook 10. hood

Unit 25 ——————— p.114

pool, food, boots, cool, fool, noon, room, zoo, moon, roof

Practice ···················· p.116

A. 1. boots 2. pool 3. roof 4. zoo 5. fool
　 6. cool 7. noon 8. food 9. room 10. moon
B. 1. boots 2. roof 3. cool 4. noon 5. pool
C. 1. cool 2. food 3. moon 4. zoo 5. room 6. fool
D. 1. noon 2. boots 3. room 4. moon 5. fool
　 6. cool 7. roof 8. pool 9. food 10. zoo

Review Test 21-25

Review Test 1 ···················· p.118

1. tie, die, piece, brief 2. field, niece, pie, lie
3. low, goal, grow, road 4. coat, boat, bowl, snow
5. view, review, new, down 6. how, now, brown, cow
7. cook, good, look, hood 8. wood, foot, book,
cookie 9. cool, food, room, pool 10. zoo, fool,
boots, roof

Review Test 2 ···················· p.119

1. ② 2. ① 3. ② 4. ② 5. ③ 6. ① 7. ② 8. ② 9. ③ 10. ①

Word Test

Answer

Word Test Answer

⬛ Word Test 01–03 p. 121

Uint 01

1. map 2. jam 3. cat 4. mad 5. nap
6. sad 7. cap 8. bad 9. fat 10. ham

Uint 02

1. van 2. bat 3. rat 4. bag 5. man
6. pan 7. gas 8. hat 9. fan 10. can

Uint 03

1. beg 2. pet 3. ten 4. bed 5. leg
6. net 7. pen 8. red 9. set 10. hen

⬛ Word Test 04–05 p. 122

Uint 04

1. west 2. tell 3. best 4. vet 5. vest
6. wet 7. test 8. rest 9. sell 10. well

Uint 05

1. pig 2. win 3. wig 4. fit 5. kid
6. big 7. dig 8. pin 9. lid 10. sin

⬛ Word Test 06–08 p. 123

Uint 06

1. ill 2. fix 3. hill 4. hit 5. kill
6. fill 7. milk 8. bill 9. mix 10. sit

Uint 07

1. hot 2. fox 3. rob 4. pop 5. God
6. cop 7. job 8. top 9. box 10. pot

Uint 08

1. fun 2. rug 3. bud 4. mug 5. bug
6. rub 7. bun 8. hug 9. tub 10. mud

⬛ Word Test 09–10 p. 124

Uint 09

1. nut 2. run 3. put 4. hut 5. cup
6. gum 7. bus 8. gun 9. cut 10. sun

Uint 10

1. name 2. lake 3. hate 4. take 5. bake
6. wake 7. cake 8. date 9. game 10. make

⬛ Word Test 11–13 p. 125

Uint 11

1. sale 2. cave 3. pale 4. lane 5. wave
6. face 7. cane 8. late 9. race 10. save

Uint 12

1. like 2. bike 3. rice 4. site 5. ice
6. nice 7. hike 8. kite 9. time 10. bite

Uint 13

1. wise 2. live 3. ride 4. give 5. hide
6. line 7. wide 8. rise 9. fine 10. dive

⬛ Word Test 14–15 p. 126

Uint 14

1. bone 2. rope 3. role 4. nose 5. hole
6. lone 7. hose 8. hope 9. cone 10. rose

Uint 15

1. poke 2. vote 3. mode 4. some 5. home
6. doze 7. joke 8. code 9. come 10. note

Word Test 16-18 ········· p.127

Uint 16

1. tune 2. June 3. sue 4. cube 5. rule
6. rude 7. huge 8. tube 9. mute 10. cute

Uint 17

1. say 2. sail 3. rain 4. day 5. pain
6. mail 7. way 8. wait 9. fail 10. pay

Uint 18

1. meat 2. leaf 3. lead 4. tea 5. leave
6. read 7. sea 8. east 9. meal 10. eat

Word Test 19-20 ········· p.128

Uint 19

1. bread 2. head 3. steak 4. dead 5. heaven
6. sweater 7. break 8. health 9. sweat 10. heavy

Uint 20

1. need 2. week 3. bee 4. meet 5. feed
6. keep 7. tree 8. deep 9. free 10. feel

Word Test 21-23 ········· p.129

Uint 21

1. chief 2. die 3. brief 4. pie 5. thief
6. tie 7. field 8. lie 9. piece 10. niece

Uint 22

1. road 2. goal 3. coat 4. bowl 5. boat
6. soap 7. grow 8. snow 9. goat 10. low

Uint 23

1. down 2. cow 3. view 4. new 5. how
6. bow 7. now 8. review 9. chew 10. brown

Word Test 24-25 ········· p.130

Uint 24

1. book 2. good 3. look 4. wood 5. cook
6. cookie 7. hood 8. foot 9. goose 10. hook

Uint 25

1. fool 2. roof 3. food 4. room 5. moon
6. boots 7. zoo 8. cool 9. noon 10. pool